로지컬 라이팅

ロジカル・ライティング

照屋華子 著

東洋経済新報社 刊

2006

LOGICAL WRITING

by Hanako Teruya

Original Japanese edition published by TOYO KEIZAI INC., Tokyo.

맥킨지식 논리적 글쓰기의 기술

로지컬 라이팅

데루야 하나코 지음
김윤경 옮김

LOGICAL
WRITING

비즈니스북스

옮긴이 **김윤경**

한국외국어대학교를 졸업하고 일본계 기업에서 무역과 통번역을 담당하다가 일본어 전문 번역가의 길을 가고 있다. 출판번역 에이전시 글로하나의 대표이기도 하다. 번역한 책으로는 《철학은 어떻게 삶의 무기가 되는가》, 《나는 단순하게 살기로 했다》, 《인생 절반은 나답게》, 《나는 상처를 가진 채 어른이 되었다》, 《적당한 거리를 두세요》, 《불편한 사람과 편하게 대화하는 법》, 《결국 성공하는 사람들의 사소한 차이》, 《나는 착한 딸을 그만두기로 했다》 등이 있다.

로지컬 라이팅

1판 1쇄 발행   2019년 7월 29일
1판 7쇄 발행   2024년 10월 31일

지은이 | 데루야 하나코
옮긴이 | 김윤경
발행인 | 홍영태
편집인 | 김미란
발행처 | (주)비즈니스북스
등　록 | 제2000-000225호(2000년 2월 28일)
주　소 | 03991 서울시 마포구 월드컵북로6길 3 이노베이스빌딩 7층
전　화 | (02)338-9449
팩　스 | (02)338-6543
대표메일 | bb@businessbooks.co.kr
홈페이지 | http://www.businessbooks.co.kr
블로그 | http://blog.naver.com/biz_books
페이스북 | thebizbooks
ISBN 979-11-6254-096-1   03320

일 잘하는 사람은 논리적 글쓰기를 한다

일본에서 '로지컬 씽킹' 붐을 크게 일으킨 《로지컬 씽킹》이 논리적으로 생각을 체계화하는 스킬이라면 《로지컬 라이팅》은 이를 글쓰기에 어떻게 적용할 것인지에 대해 설명한 책이다. 직장인들 사이에 최근 화두가 되고 있는 효율적인 보고서 작성법에 대한 안내서라고 할 만하다.

자신이 전달하고자 하는 바를 글이나 문장으로 표현한 보고서나 문서는 커뮤니케이션의 중요한 수단이다. 결국 무엇을 어떻게 전달한 것인지가 핵심이다. 문서 작성자는 전달해야 할 결론과 이를 뒷받침하는 근거가 명료하게 연결되도록 내용을 구조화하고 간결한 문장으로 써야 한다. 대부분의 경우, 글머리 기호(약물 기호)를 사용하여 요약식으로 정리해서 문서를 읽는 상대가 핵심을 한눈에 파악하도록 한다.

이를 구현하기 위해 요구되는 요소는 MECE, So What?, Why So? 등 세 가지다. MECE는 들어가야 할 내용이 빠짐없이 다 들어갔는지, 내용 간에 서로 중복되는 부분은 없는지, 같은 종류의 내용들끼리 묶였는지를 검토하는 요소로 보고서의 수평적 관계를 구성하는 원칙이다.

So What?과 Why So?는 수직적 관계를 구성하는 원칙인데, 쉽게 말하면 작은 기호에서 그 위의 기호로 올라갈 때는 So What?(그래서?)의 관계가, 큰 기호에서 작은 기호로 내려올 때는 Why So?(왜 그렇지?)의 관계가 성립돼야 한다. 이 원칙만 잘 지키면 보고서의 논리 구성, 구조와 관련해서는 크게 문제될 게 없다. 이 책은 이러한 부분을 알기 쉽게 설명하고 있다.

그동안 나는 기업체와 공공기관에 근무하는 직장인을 대상으로 보고서 작성법을 지도하면서 이런 중요한 원칙을 생각하지 않고 보고서를 작성하는 경우를 수없이 보아왔다. 모 대기업에서 25년을 근무했다는 부장이 나의 보고서 작성법 강의를 듣고 나서 "이제야 좀 알겠다."고 말한 적이 있다. 실상이 어떤지 미루어 짐작할 수 있을 것이다.

이 책은 보고서와 제안서 등 비즈니스 글쓰기의 논리 구성을 어떻게 해야 하는지를 체계적이면서도 쉽게 다루고 있다. 특히 누구나 당장 활용할 수 있도록 논리 구성의 이론을 설명한 뒤 사례를 통해 트레이닝할 수 있도록 하고 있다. 사례를 꼼꼼히 읽고 내용을 어떻게 구조화하는지를 따라가면서 스스로 점검하기 바란다.

논리적 글쓰기는 스킬이다. 노력하면 얼마든지 향상될 수 있다. 저자가 제시하는 논리 구조를 여러분의 비즈니스 글쓰기에 적용해 구현해낸다면 더 이상 상대로부터 "무슨 말인지 모르겠다. 그래서 무슨 말을 하고 싶은 거냐?"는 말을 듣지 않게 될 것이다.

현창혁

상위 1퍼센트의 논리적 글쓰기 비법

비즈니스 글쓰기에 로지컬 씽킹을 활용하라

비즈니스 커뮤니케이션에서 글쓰기는 사회 초년생부터 중견 간부에 이르기까지 누구나 갖춰야 하는 필수 역량이다. 조직에서는 중요한 사안일수록 문서로 전달하는 경우가 많기 때문이다.

글쓰기는 말하기보다 훨씬 정교하고 신중한 작업이다. 말로 의사를 전달할 때는 상대의 질문이나 표정을 통해 상황 파악이 가능하기에 그 자리에서 추가로 설명하거나 정정할 수 있다. 하지만 글로 의사를 표현할 때는 작성한 문서가 전부다. 전달자가 이해하기 어려운 문서를 전달하면 상대는 의미를 파악하는 데 많은 시간과 에너지를 소모하거나 심지어 도중에 의미 파악을 포기해버릴 수도 있다. 상황이 이렇게 되면 업무가 더 이상 진척되지 않으므로 애초에 이해하기 쉽게 글을 써야 한다. 특히 읽는 사람이 갖고 있는 의문에 확실한 근거를 제시하는 글쓰기 능력이야말로 비즈니스의 기본 기술이다.

이제부터 제안서, 보고서, 공지문, 의뢰문 등 일상 업무에서 다루는 문서를 알기 쉽고 논리적으로 작성하는 법, 즉 '로지컬 라이팅'Logical Writing 기법을 소개하겠다. 이 책은 자신의 사고를 말이나 글로 이해하기 쉽게 논리적으로 구성하는 방법을 소개한《로지컬 씽킹》Logical Thinking의 속편이자 비즈니스 글쓰기에서 로지컬 씽킹 기법을 활용하는 방법을 담아낸 로지컬 씽킹의 실천편이라고 할 수 있다.

필자는 경영 컨설팅 분야를 중심으로 비즈니스 문서의 논리 구성과 표현에 대해 조언하고 개선안을 제공하는 에디팅 서비스를 하고 있다. 컨설팅에서는 프로젝트 제안부터 프로젝트 활동의 중간 보고와 최종 보고에 이르기까지 고객과의 다양한 커뮤니케이션이 이루어진다. 검토에 필요한 정보 수집을 위해 사전 회의를 열기도 하고 고객과 수시로 의견을 교환한다. 이때 구두로만 설명하는 경우도 있지만 중요한 안건일수록 문서와 자료를 준비한다. 프로젝트에 관련한 제안서, 보고서, 의뢰서 등 모든 문서가 바로 에디팅의 대상이다. 필자는 컨설턴트가 이해하기 쉽고 논리적인 문서를 작성해 프로젝트를 원활하게 추진하도록 조언과 개선안을 제공한다.

에디팅에서 다루는 문서의 주제와 내용은 그때마다 다르다. 또한 개선할 핵심 사안도 무엇을 쓸 것인가부터 문장 표현에 이르기까지, 문서 또는 쓰는 사람에 따라 가지각색이다. 더구나 한정된 시간 안에 부족한 점을 찾아내 효과적으로 개선안을 만들어야 한다.

신출내기 에디터였을 때 필자는 '항상 이렇게 하면 된다'라고 알려주는 지침서가 있으면 좋겠다고 생각했다. 하지만 안타깝게도 그런 지침서는 존재하지 않았기 때문에 '그렇다면 직접 만드는 수밖에 없지!'라며 에디팅을 위한 지침 사항을 정리하고 나아가 교육 프로그램으로 만들어 개정을 거듭해왔다.

이 책에서 소개하는 로지컬 라이팅 기법은 필자가 에디팅과 교육 프로그램에서 실제로 사용하는 것으로, 누구든 혼자서도 '이해하기 쉽고 논리적인 문서를 작성하기 위한 사고와 착안점'을 익힐 수 있게 체계화한 것이다.

《로지컬 라이팅》에서는 오카다 게이코 씨와 공저한《로지컬 씽킹》의 내용도 중요하다. 기법 체계화의 초기 단계를 만드는 일은 물론, 이 책을 정리하는 데 많은 도움을 준 오카다 씨에게 진심으로 감사드린다.

이 책의 구성과 주요 내용

《로지컬 라이팅》의 전체 개요를 책의 구성과 함께 소개하겠다. 이 책에서는 글쓰기를 '메시지 구성'과 '메시지 표현'으로 나누고 단계별로 살펴보고자 한다. 비즈니스 문서는 업무를 진행하기 위한 도구이기에 전달할 메시지를 명확하게 구성하는 것이 중요하다. 그리고 글로 표현한 내용만이 상대에게 전달되므로 내용을 정확하게 써야 한다. 양 바퀴가 수레를 균형 있게 지탱하듯, 글에서는 메시지를 구성하는 측면과 표현하는 측면이 균형을 이뤄야 한다.

이 책의 제1부는 '메시지의 구성'이다. 메시지의 구성에는 3단계가 있다.

1단계는 제1장 '**구성의 준비**'다. 글쓰기가 고역인 사람은 스스로 '논리적으로 사고하지 못해서' 또는 '표현력이 없어서' 글을 잘 쓰지 못한다고 여기는 경향이 크다. 하지만 근본 문제는 논리적 사고나 표현력 문제 이전의 준비 단계에 있을 때가 많다. 메시지를 효과적으로 구성하려면 반드시 준비운동이 필요하다. 제1장에서는 메시지를 구성하기 위한 준비운동에 대해 알아보자.

2단계는 제2장과 제3장에서 소개하는 '**본론의 구성**'이다. 여기서는 문서의 중심인 본론을 논리적으로 이해하기 쉽게 구성해본다. 익숙하지 않은 주제와 정보를 바탕으로 쓰는 글이라 해도 반드시 일정한 수준의 품질을 갖춰야 한다. 따라서 구체적인 방법론으로서 로지컬 씽킹을 습득할 필요가 있다.

제2장에서는 'MECE'와 'So What?/Why So?'라는 논리 유형의 로지컬 씽킹 기법을 대략적으로 설명한다. 로지컬 씽킹을 이미 공부했다면 제2장을 건너뛰어도 괜찮으며, 반대로 상세한 설명이 필요하다면 전작 《로지컬 씽킹》을 참고하기 바란다. 제3장에서는 보고서 본론을 구성하는 다양한 사례와 로지컬 씽킹의 사용 순서를 제시한다.

3단계는 제4장 '**도입부의 구성**'이다. 도입부는 가장 먼저 읽게 되는 문서의 첫머리로, 이 부분이 잘 설명돼야 상대가 상황을 이해하고 다음 본론을 계속 읽어나갈 수 있지만 필자가 에디팅을 하다 보면 도입부를 소홀히 여기는 전달자가 무척 많다. 도입부의 역할과 도입부에 필요한 요소를 상대의 관점에서 확실하게 찾아내는 방법을 살펴보자.

제2부 '메시지의 표현'에서는 구성한 내용을 글로 어떻게 표현할지 다룬다. '표현'이라고 하면 문장 표현을 떠올릴 수 있으나 비즈니스 문서에서 표현이란 구성의 시각화를 말한다.

제5장 '구성의 시각화'에서 문서를 자세히 다 읽지 않아도, 한눈에 내용의 개요를 파악하도록 구성을 시각화하는 기술을 배워보자. 문서의 내용이 좋은데도 시각화 표현이 부족해 상대의 흥미를 떨어뜨린다면 안타깝지 않겠는가.

제6장에서는 '메시지의 문장 표현'을 알아본다. 문서를 작성할 때는 멋있게 쓰려고 기교를 부리거나 능란하게 표현하려고 과욕을 부리지 말고, 무엇보다 구체적이고 논리적인 관계를 올바르면서도 간결하게 명시하도록 하자. 그런 문서를 작성하려면 자신이 쓴 문장 표현을 어떤 부분에 초점을 맞춰 확인해야 할까? 비즈니스맨이 자칫 범하기 쉬운 오류나 피해야 할 잘못된 표현 사례를 들어 여러분이 스스로 개선안을 마련해가면서 읽을 수 있도록 구성했다. 자신의 문장 표현에서 짚어봐야 할 점을 파악하길 바란다.

로지컬 라이팅의 특징

로지컬 라이팅 기법은 필자가 비즈니스 문서를 에디팅하면서 지금까지 실제로 사용해온 사고방식을 바탕으로 체계화한 것이다. 그 특징은 다음과 같다.

첫째, 범용성이 높다. 필자는 수많은 여러 문서를 에디팅하면서 유형에 관계없이 쉽고 논리적인 글에는 공통점이 있다는 사실을 발견했으며 그 공통점을 체계화한 것이 바로 로지컬 라이팅 접근법이다.

'제안서는 이렇게, 보고서는 이렇게, 의뢰서는 이렇게' 식으로 문서 유형별로 대응하려면 각각 다른 작성법을 참조해야 하고 응용하기도 힘들다. 하물며 예문집이나 유사 문서의 짜깁기 방식으로는 예문을 찾느라 우왕좌왕한 나머지 비논리적인 문서가 되기 십상이다. 비즈니스 문서 작성은 시간과의 싸움이므로 '적어도 이것을 인식하면 알기 쉽고 논리적인 문서를 작성할 수 있다' 하는 범용성 높은 접근법을 활용해야 한다.

둘째, '구성 준비'에서 '문장 표현'까지 글 쓰는 과정을 단계별로 일관되게 다뤘다. 문서를 개선하려면 글쓰기의 각 단계에서 어떻게 해야 하는지, 그리고 글쓰기 기술을 향상시키는 데 무엇이 중요한지 파악하도록 했다.

요즘은 논리적 사고법이나 문장 표현에 관심 있는 사람이 많다. 물론 이런 요소가 중요하지만, 비즈니스 문서를 작성하는 데는 이외에도 필요한 요소가 더 있다. 바로 제1장 '구성의 준비'와 제4장 '도입부의 구성', 제5장 '구성의 시각화'다. 이 중에서 자신에게 가장 필요한 내용부터 익히면 훨씬 이해하기 쉽고 설득력을 갖춘 문서를 작성할 수 있을 것이다.

셋째, 당신이 작성한 문서와 비교하면서 이 접근법을 이해할 수 있도록 비논리적 문서와 바람직한 문서의 다양한 예시를 함께 실었다. 구성이 잘못됐든 표현이 부족하든, 내용을 이해하기 어렵거나 논리적이지 않은 문서는 모두 함정에 빠져 있다고 할 수 있다. 제3장과 제4장에서는 구성상, 제5장과 제6장에서는 표현상 전달자가 빠지기 쉬운 함정과 바람직한 사례를 비교했으며 이를 통해 로지컬 라이팅을 더욱 깊이 이해할 수 있을 것이다. 그리고 예시들은 주석을 밝힌 자료 외에는 모두 필자가 창작했음을 알려둔다.

글쓰기는 광범위한 범위에서 이루어지는 작업이지만 글 쓰는 사람이 각 단계에서 인식해야 할 사항은 구체적으로 좁혀진다. 누구든 이 책에서 제시한 사항들을 제대로·실천하면 논리적인 글쓰기 기법을 습득할 수 있을 것이다. 이때 타고난 재능이나 감각에 의지하기보다는, 상대가 글을 이해하기 바라는 마음과 인내심으로 꾸준히 훈련하는 것이 중요하다.

비즈니스 커뮤니케이션뿐만 아니라 일상에서 문서를 작성할 때도 이 책을 논리적 글쓰기의 길잡이로 꼭 활용하길 바란다.

| 제1부 |
메시지의 구성

제1장 구성의 준비

제2장 본론의 구성 1 - 로지컬 씽킹의 개론

1. '논리적'이라는 의미를 이해한다 ··· 42

2. 논리적으로 사고를 정리하는 도구를 확보한다 ··· 45

3. 논리적으로 구성하는 도구를 확보한다 ··· 55

제3장 본론의 구성 2 - 로지컬 씽킹의 실천

1. 논리 유형의 구성 방법을 이해한다 ··· 72

2. 논리 유형을 구성한다 ··· 76

3. 논리 유형을 자가 진단한다 ··· 106

제4장 도입부의 구성

| 제2부 |
메시지의 표현

제5장 구성의 시각화

메시지의 구성

제1부에서는 문서의 내용, 즉 논리적이며 이해하기 쉬운 메시지를 구성하는 기술을 알아본다. 이 기술은 글쓰기뿐만 아니라 구두로 설명할 때, 도해 데이터를 사용해 프레젠테이션할 때도 활용이 가능하다. 이때 두 가지가 중요하다.

하나는 이해하기 쉽게 논리적으로 글을 구성하기 위한 도구를 갖추는 것이다. '논리적 구성'이라고 하면 어렵고 막연할지 모르지만 전달자가 할 일은 단순하다. 결론이 무엇이며, 상대가 "왜?"라고 묻는다면 어떤 근거로 설명할지, 그 근거에 대해 다시 한번 "왜?"라고 묻는다면 또 몇 가지 근거를 들지 등을 확실히 하면 된다. 이때 도구가 있다면 전달자는 보다 효율적이고 효과적으로 사고를 정리할 수 있다. 그 도구인 '로지컬 씽킹'은 어떤 사고방식인지, 그리고 어떻게 사용해야 하는지를 제2장과 제3장에서 다루겠다.

또 다른 하나는 로지컬 씽킹의 준비와 마무리를 빠짐없이 실행하는 것이다. 로지컬 씽킹을 커뮤니케이션에 활용하려면 그 전후 과정이 매우 중요하다. 처음 '준비' 과정에서는 문서로 어떤 커뮤니케이션을 할지 확실히 하고, 최종 '마무리' 과정에서는 커뮤니케이션을 전달받을 사람의 관점에서 문서를 다시 살펴봐야 한다. 그리고 준비와 마무리 모두를 항상 일정한 수준으로 하는 방법은 제1장과 제4장에서 다루겠다.

"A씨는 정말 열심히 일하죠. 이것저것 조사하고 분석했다면서 그 많은 자료를 전부 보고서에 적어서 옵니다. 근데 딱히 쓸 만한 부분은 없어요. 이런 상황을 어떻게 해야 할까요?"라고 투덜거리는 B실장.

"B실장님은 항상 막연하게 지시를 내려서 아주 난감합니다. 이번에도 '신규 유통망 개척 보고서'라는 거창한 과제를 주셨는데 대체 어떻게 정리해야 할지 모르겠어요. 이 보고서가 어떤 용도로 쓰이는 건지도 모르겠고요. 어찌됐든 기한 내에 제출해야 해서 산더미 같은 자료와 씨름하고 있습니다."라고 고민을 털어놓는 부하 A씨.

"일상 업무 중 문서를 작성할 때 어려운 점은 무엇입니까?"라고 물어보면 A씨처럼 대답하는 사람이 많다. 바로 이해하기 어려운 문서를 작성하게 되는 함정에 빠지기 직전이다. 이 함정이 무엇인지, 함정에 빠지지 않으려면 어떻게 해야 할지를 생각해보자.

1. 비즈니스에서 글쓰기를 이해한다

글쓰기의 목적

문서 구성을 시작할 때는 반드시 당신이 어떤 커뮤니케이션을 하고 싶은지부터 확인하자. 이때 항상 [도표 1-1]을 떠올려라. 아무리 복잡하고 어려워 보이는 보고, 제안, 의뢰, 지시도 비즈니스 커뮤니케이션인 만큼, 모두 '전달자(쓰는 사람), 수신자(읽는 사람), 주제, 답변, 기대하는 반응'이란 다섯 가지 기본 요소로 정리할 수 있다.

비즈니스 커뮤니케이션에는 정보 '전달자'인 글을 쓰는 사람과 커뮤니케이션 '수신자'인 읽는 사람이 있으며 두 사람 사이에는 문서의 '주제'가 존재한다. 주제는 누군가로부터 "신규 유통망 개척 보고서를 제출하게."라든지 "신제품 시장 점유율 신장 보고서를 작성해보도록." 하는 식으로 전달받기도 하고, 작성자가 문서를 제안하거나 의뢰할 경우에는 스스로 정하기도 한다.

주제에 대한 설명이 '답변'이다. 보고서라면 보고 내용, 제안서라면 제안 내용, 의뢰문이라면 의뢰 내용이 답변이 된다.

앞서 예로 든 A씨처럼 문서 작성으로 고민하는 사람들은 대부분 답

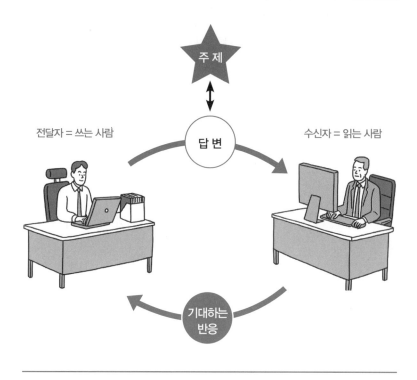

[도표 1-1] 비즈니스 커뮤니케이션의 구조

주제

답변

전달자 = 쓰는 사람

수신자 = 읽는 사람

기대하는 반응

변으로 무엇을 써야 할지, 답변을 어떻게 정리할지에 주력한다. 답변도 중요하지만 문서의 목적이 답변에만 있는 것은 아니다. 답변을 제시한 뒤 그 문서를 읽은 상대에게 원하는 반응과 행동을 이끌어내야 일이 진행된다. 이때 상대로부터 이끌어내고자 하는 반응이 바로 '기대하는 반응'이다.

이를테면 상사에게 보고서를 제출하면 상사는 보고서를 읽고 나서 "좋았어. 보고대로 이 대응책을 신속하게 진행해주게."라고 판단을 내린다. 고객에게 제안서를 전달하면 고객은 "이 새로운 서비스의 특징을 좀 더 자세히 설명해주시겠어요?"라고 말하고, 이로써 새로운 상담 기회가 만들어진다. 이처럼 의사 전달자는 반드시 수신자에게 기대하는 반응이 있기 마련이다. 그리고 그 기대하는 반응을 이끌어내는 것이야말로 글을 쓰는 목적이다.

글을 쓰기 전에 조심할 함정

커뮤니케이션 구조를 염두에 두고 다시 한번 A씨와 B실장의 이야기를 떠올려보자. [도표 1-1]을 살펴보면 A씨와 B실장은 두 가지 함정에 빠져 있다.

첫째, 애초에 무엇에 대해 쓸지, 즉 주제가 애매하다. '신규 유통망 개척'이라는 주제가 너무 막연하고 광범위하다. A씨로서는 B실장이 지시한 주제를 구체적으로 정리하지 않는 한, 무엇을 답변으로 할지 고민스러울 수밖에 없다.

둘째, 무엇을 위해 보고서를 써야 하는지, 즉 기대하는 반응이 분명하지 않다. 과연 A씨는 보고서를 읽은 B실장이 어떻게 해주길 바라는 것일까. B실장도 목적이 애매한 지시를 내렸고 그 지시를 받은 A씨는 실장에게 어떤 반응을 기대해야 할지 확실히 인지하지 못한 채 답변을 어떻게 정리할지 고심하고 있다.

이 두 가지 함정에 빠졌는데도 성실한 A씨는 '어쨌든 뭐라도 정리해서 기한 내 제출해야만 해'라고 생각할 것이다. 실제로 주제가 애매하고 기대하는 반응이 모호하다는 두 가지 함정에 빠진 채로 답변을 쓰는 데만 몰두하는 사람들이 무척 많다. 글쓰기 자체가 목적이 되고 마는 것이다. 조사한 자료를 다 집어넣은 방대한 분량의 보고서를 쓰게 되어 핵심을 제대로 전달하지 못하는 허술한 문서가 되고 만다.

주제, 기대하는 반응, 읽는 사람, 쓰는 사람, 이 네 가지는 '무엇에 대해, 무엇을 위해, 누가 누구에게 쓰는가' 하는 문서 작성의 기본 요소다. 이 책에서는 이를 '커뮤니케이션 설정'이라고 하겠다. 글을 쓰는 사람은 '답변에 무엇을 담아야 할까?', '답변을 어떻게 구성할까?'를 고민하기 이전에 주제와 기대하는 반응을 중심으로 커뮤니케이션 설정을 확실히 확인해야 한다.

2. 커뮤니케이션 설정을 확인한다

커뮤니케이션 설정을 확인하는 요소는 무엇일까. [도표 1-1]을 참고해서 커뮤니케이션 설정을 확인하기 위한 핵심 요소를 찾아보자. 커뮤니케이션 설정의 중심인 주제와 기대하는 반응부터 시작해보자.

주제 확인:
몇 가지의 어떤 질문으로 바꿀 수 있는가?

비즈니스 문서의 주제를 '제품 X의 시장 점유율 향상에 대한 보고'라든

지 '고객 클레임에 대한 보고'라는 식으로 정하는 경우가 많다. 하지만 '○○에 대해'라는 말은 함정이다. 제품 X에 대해 무엇을 써야 할지, 클레임에 대해 무엇을 써야 할지 정작 애매모호하기 때문이다. 주제는 구체적으로 표현해야 한다. 이럴 때는 주제를 상대에게 답변해야 할 질문으로 바꾸어보면 파악하기가 쉽다.

질문의 내용은 문서에 따라 천차만별이겠지만 크게 분류해보면 어떤 종류가 있을까? 가령 '현황은 어떤가?', '과제는 무엇인가?', '대책은 무엇인가?'로 나눌 수 있다. 가령 '제품 X의 시장 점유율에 대한 보고'라는 주제는 제품 X의 시장 점유율 개선책이라든지 매출 확대 방안 등 최종적으로 대책을 설명해야 하는 경우가 많다. 세 가지 질문을 염두에 두고 주제를 구체적으로 설명하면 다음과 같다.

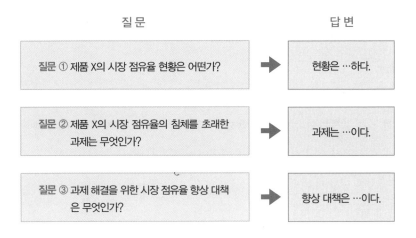

질문 ①의 답변은 제품 X의 시장 점유율이 저조한 현황에 대한 설명이다. 질문 ②의 답변은 시장 점유율 침체 현상의 배경에 어떠한 과제

가 내재되어 있다고 생각하는지로, 보고서 작성자의 과제 인식이라 할 수 있다. 질문 ③의 답변은 과제 해결을 위한 대책이다.

이번에는 고객 Y로부터 클레임이 들어와 상사에게 제출할 보고 메일을 쓴다고 가정하자. 이것 역시 앞에서 설명한 세 가지 질문을 의식해서 이 주제를 질문으로 바꿔보자.

질 문		답 변
질문 ① 대체 무슨 일이 일어났는가?	➡	실제로 일어난 일은 …이다.
질문 ② 고객의 요구 사항은 무엇인가?	➡	고객의 요구 사항은 …이었다.
질문 ③ 클레임을 초래한 문제점은 무엇인가?	➡	그 배경에는 …라는 문제가 있다.
질문 ④ 실행해야 할 대응책은 무엇인가?	➡	취해야 할 대응책은 …이다.

여기서는 '현황은 어떤가?'라는 질문을 '무슨 일이 일어났는가?'와 '고객의 요구 사항은 무엇인가?'로 나눴다.

이렇게 주제를 질문으로 바꾸어보면 문서에는 전달자가 쓰고 싶거나 쓸 수 있는 내용이 아니라 '질문에 대한 답변'을 써야 한다는 사실을 자각할 수 있다. 또한 몇 가지 답변을 준비해야 하고 또 어떤 질문을 중심으로 준비해야 할지를 파악할 수 있다.

물론 '제품 X의 현황 보고'처럼 질문이 '제품 X의 현황은 어떤가?' 한 가지뿐일 때도 있지만 보통은 앞의 예시처럼 주제가 여러 질문으로 나뉜다. 그럴 때는 기대하는 반응, 쓰는 사람, 읽는 사람을 확인해두면 어떤 질문이 특히 중요한지 알 수 있다.

기대하는 반응 확인:
읽는 사람이 어떻게 해주기를 바라는가?

주제에 이어 읽는 사람에게 기대하는 반응을 확인해보자. 당신은 상대로부터 전달받은 메일이나 문서를 다 읽고 나서 '그래서 대체 뭘 해야 하지?' 하고 고개를 갸우뚱하거나, "이거, 제가 참고로 읽기만 하면 되나요? 특별히 뭔가를 해야 하는 건 아니지요?"라고 확인하고 싶었던 적이 있는가. 그렇다면 그 문서의 작성자는 무턱대고 답변만 쓴 것이다. 결과적으로 전달자가 기대한 반응이 되돌아오지 않기에 업무가 효율적으로 진척되지 않을 뿐만 아니라 읽는 사람에게도 비효율적인 커뮤니케이션이다.

커뮤니케이션에 따라 기대하는 반응이 다양할 수 있지만, 대개는 [도표 1-2]가 제시하는 세 가지 중 하나다. 그러므로 커뮤니케이션을 할 때는 '이해시킨다', '피드백을 받는다', '행동을 취하게 한다' 중 어떤 반응을 이끌어내고 싶은지를 생각하고 그 내용을 구체적으로 정리하자.

앞에서 사례로 든 '제품 X의 시장 점유율 향상에 대한 보고'를 다시 살펴보자. 상사에게 기대하는 반응으로 '보고 내용을 승인받기'를 생각

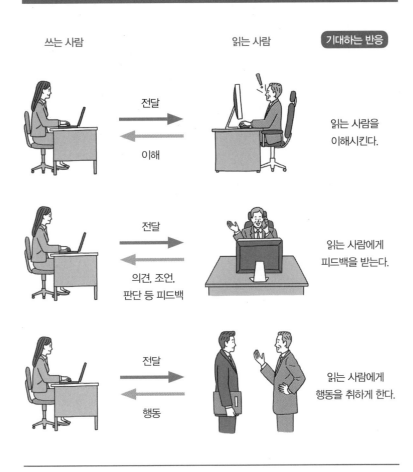

했다고 하자. 하지만 그 정도로는 구체적이라고 말하기 어렵다. 상세한 내용은 추후 검토하더라도 일단 시장 점유율 향상 대책의 개요에 대해 상사의 승인을 얻고 싶은가. 아니면 즉시 향상 대책에 착수하도록 실행 지시를 받고 싶은가.

또한 고객 Y의 클레임을 보고하는 메일의 사례에서 전달자는 메일을 읽은 상사가 어떻게 해주길 바라는 것인가. 만약 전달자가 자신이 이미 강구한 대응과 앞으로의 대응에 승인을 받고, 유사 사고의 방지책을 관련 부서와 공동으로 검토하기를 바란다고 가정하자. 그렇다면 상사에게 "이 대응 방안이 좋겠군. 그리고 관련 부서와 공동으로 검토하게."라는 판단과 행동을 이끌어내는 것이 구체적인 기대하는 반응이라고 할 수 있다.

기대하는 반응에서 주제를 생각한다

기대하는 반응은 되도록 구체적으로 생각해두자. 그러면 주제가 여러 질문으로 나뉘는 경우, 어느 질문에 중점을 두고 설명해야 좋을지 실마리를 얻을 수 있다.

자사 서비스 S에 대한 제안서를 작성한다고 가정하자. 최종적으로 고객에게 기대하는 것은 서비스 S의 도입이지만 영업 활동 단계마다 기대하는 반응이 다르기 마련이다. 제안 활동의 초기 단계라면 고객이 '아! 이런 서비스가 있구나', '경쟁사 서비스와 비교해도 꽤 괜찮은걸' 하는 식으로 자사의 서비스 S를 인지하고 알아주길 바랄 것이다. 그러다 상담이 진행되면 고객이 서비스 S의 도입 조건이나 문제점에 대해 문의했으면 할 것이다.

제안의 주제를 질문으로 바꾸면 다음과 같다.

• **질문** ① 서비스 S의 특징은 무엇인가?

- **질문 ②** 서비스 S의 기대효과는 어떤 것인가?
- **질문 ③** 서비스 S를 도입하기 위한 방법은 무엇인가?
- **질문 ④** 서비스 S를 도입할 때 유의할 사항은 무엇인가?

이 가운데 전달자가 어디에 중점을 둘지는 상대에게 기대하는 반응에 따라 달라야 한다. 서비스 S에 대한 인지와 이해를 이끌어내고 싶다면 질문 ①과 ②에 충분한 설명이 필요하다. 고객이 서비스 S의 도입에 필요성을 전혀 느끼지 못한다면 질문 ④는 생략해도 된다. 도입 조건을 이끌어내고 싶다면 타사의 사례를 사용하는 등 질문 ③과 ④에 중점을 두어야 한다.

주제와 기대하는 반응이 무엇인지를 정확히 확인했다면 다음으로는 '읽는 사람'과 '쓰는 사람'을 확인해보자.

읽는 사람의 확인: 드러나지 않은 검토자가 있는가?

읽는 사람을 확인할 때는 '드러나지 않은 검토자'의 존재에 주의해야 한다. 고객인 C씨에게 제안서를 제출했을 때 직접 읽는 사람은 담당자 C씨가 맞다. 그런데 C씨가 제안서를 긍정적으로 평가했다면 그의 상사인 D부장이나 관련 부서에도 제안서가 전달되고 검토될 가능성이 높다. 따라서 전달자가 기대하는 반응을 고객에게서 이끌어내려면 D부장이나 관련 부문의 의사 결정자 등 C씨 배후에 있는 수신자, 즉 드러나지 않은 검토자까지 염두에 두고 문서를 작성하도록 한다.

읽는 사람의 입장에서 주제를 생각한다

그다음에는 주제에 대해 상대가 관심을 갖거나 우려하는 사항을 점검한다. 주제를 바꾼 질문이 읽는 사람을 만족시키는지, 여러 질문이 있다면 그중 읽는 사람의 관심사가 포함돼 있는지, 혹은 어떤 부분을 걱정할지를 검토해보자.

앞에서 예로 든 고객 Y의 클레임 보고 메일의 사례를 다시 살펴보자. 보고를 받은 상사의 관심은 '대체 무슨 일이 일어났는가?', '고객의 요구 사항은 무엇인가?', '클레임을 초래한 원인, 즉 문제점은 무엇인가?', '실행해야 할 대응책은 무엇인가?' 등 일련의 질문들 중 어디에 있을까.

상사 입장에서는 무슨 일이 있어났는지, 고객의 요구 사항은 무엇인지를 정확히 알고 싶은 것이 당연하다. 클레임 사태가 왜 일어났는지, 즉 작성자의 과제 인식 또한 중시할 가능성이 높다. 이런 사항들을 파악하지 않고서는 작성자가 내놓은 대응책이 적합한지 아닌지를 판단할 수 없기 때문이다. 그러므로 보고 메일의 작성자는 클레임이 일어난 원인을 확실하게 설명해야 한다.

쓰는 사람의 확인:
문서 전달자는 누구인가?

여기에서 '쓰는 사람'은 문서 전달자를 가리킨다. 회사에서는 부하 직원

이 부서장이나 상사의 이름으로 발신하는 문서를 작성하기도 한다. 이런 경우에는 쓰는 사람이 부서장이나 상사가 된다.

같은 주제라 해도 전달자가 비즈니스나 조직에서 어떤 입장인지에 따라 설명 관점이 달라진다. 이를테면 회사 전체의 관점과 담당 부서의 관점은 다를 수 있다. 그리고 입장에 따라서는 어느 한 부분에 중점을 두고 나머지는 가볍게 설명할 수도 있다. 즉, 어떤 관점에서 무엇에 중점을 두어 설명하고 싶은지에 따라 그에 적합한 정보 전달자를 설정해야 한다.

쓰는 사람의 입장에서 주제를 생각한다

자사의 판매 대리점에 전달할 '제품과 서비스 품질 향상 프로젝트의 협력 요청' 문서를 작성한다고 하자. 이때 주제를 세 가지 질문으로 나눌 수 있다.

- **질문 ①** 제품과 서비스 품질 향상을 추진하는 배경은 무엇인가?
- **질문 ②** 프로젝트의 목적과 개요는 무엇인가?
- **질문 ③** 대리점이 무엇을 해주길 바라는가?

통상적으로 대리점에 보내는 요청 사항 관련 서류는 영업부장이 발신자였으나 이번에는 영업총괄 본부장이 발신자다. 이 경우라면 질문 ①과 ②를 통해 자사의 영업에서 이번 프로젝트가 갖는 의의를 회사 전체 관점에서 설명하고 대리점에 이해와 협조를 구한다. 질문 ③에 대해서는 본부장이 전반적인 개요를 설명하고 추후에 영업부장이 상세한 설명을 다시 발신하는 방식을 고려할 수 있다.

지금까지 주제, 기대하는 반응, 읽는 사람, 쓰는 사람으로 구성되는 커뮤니케이션 설정을 살펴봤다. 커뮤니케이션 설정이란 전달자가 어떤 커뮤니케이션을 취하면 좋을지 명확히 하는 일이다. 이것은 상대에게 어떤 사안을 전달하는 첫걸음이며, 문서는 물론 구두로 전달할 때도 마찬가지다.

3. 구성의 윤곽을 잡는다

구성의 대원칙

커뮤니케이션 설정을 확인했다면 문서를 읽는 상대와 공유해야 한다. 상대가 '무엇에 대해, 무엇을 위해, 누가 누구에게 썼는지'를 확실히 이해해야 비로소 '그럼 이 문서를 읽어볼까' 하고 본격적인 커뮤니케이션의 장에 오르게 될 것이다.

문서에서 커뮤니케이션 설정을 설명하는 부분이 바로 '도입부'다. 말 그대로 도입이니만큼 분량은 짧고 문서의 첫머리에 위치한다. 도입부에 이어서 주제의 답변을 설명하는 부분이 '본론'으로, 결론과 근거를 논리적이고 이해하기 쉽게 구성하는 것이 관건이다.

물론 문서의 중심은 본론이지만 커뮤니케이션은 도입부에서 시작된다. 도입부의 설명을 납득하기 어렵거나 도입부가 제대로 명시돼 있지 않으면 상대를 커뮤니케이션의 장으로 데려올 수 없다. 설득력 있는 도입부의 존재 여부에 따라 상대의 커뮤니케이션 마인드가 달라진다. 만일 당신이 지금까지 도입부를 별로 중요하게 여기지 않았다면 인식을 바꿔라. 그리고 반드시 제4장을 읽기 바란다.

도입부와 본론을 합한 것이 문서로 전달할 전체 메시지다. 내용이 길든 짧든 모든 문서는 도입부와 본론으로 이루어진다. 이것이 로지컬 라이팅 구성의 대원칙이다.

구성을 위한 힌트

커뮤니케이션 설정을 확인하는 과정은 앞으로 구성해나갈 도입부와 본론의 윤곽을 잡기 위한 준비운동인 셈이다.

[도표 1-3]에서처럼 커뮤니케이션 설정을 설명하는 부분이 도입부다. 도입부는 커뮤니케이션 설정을 확인한 골자를 초안으로 작성되며, '무엇에 대해, 무엇을 위해 쓸 것인가'라는 주제와 기대하는 반응을 바탕으로 한다. 도입부는 본론을 쓴 뒤 작성하는데, 이때 초안이 있으면 문서를 읽는 사람의 관점에서 확인한 다음 재빨리 최종 내용을 확정할 수 있다. 이렇듯 메시지 구성은 도입부에서 시작해서 도입부에서 끝난다고 해도 과언이 아니다.

한편 커뮤니케이션 설정이 확실하면 본론 구성에 대한 대략적인 이미지를 떠올릴 수 있다. 본론의 출발점은 주제를 질문으로 바꾸는 것이

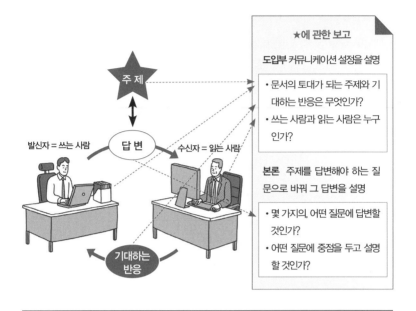

다. 앞서 사례로 든 '제품 X의 시장 점유율 향상에 대해'라는 막연한 보고 주제를 다음의 세 가지 질문으로 바꾸어보자.

- **질문 ①** 현황은 어떤가?
- **질문 ②** 과제는 무엇인가?
- **질문 ③** 대책은 무엇인가?

기대하는 반응, 읽는 사람, 쓰는 사람을 확인하면 이 가운데 몇 가지 질문에 답변을 준비할지, 어떤 질문에 중점을 두고 답변할지 알 수 있다.

예를 들어, 부하 직원이 보고서를 읽을 상사에게 '우선은 현황과 과제를 이해하고 시장 점유율 향상을 위한 대책에 합의를 이끌어내는 반응'을 기대한다고 하자. 그렇다면 보고서는 질문 ①과 ②에 역점을 두고 질문 ③에 대한 설명은 기본 방침을 서술하는 등 간략하게 써도 좋을 것이다. 그런데 상사가 현황과 과제를 이미 인식하고 있고, 부하 직원은 '시장 점유율 향상 대책을 실행하도록 승인받는 반응'을 기대한다면 질문 ③의 설명에 중점을 두어야 한다.

그리고 읽는 사람의 관점에서 어떤 답변에 상세하게 설명하면 좋을지를 확인해야 한다. 만약 상사가 질문 ①과 ②에 대해서는 이미 이해하고 있으며 질문 ③에 관심이 있다고 하자. 그럴 때는 질문 ①, ②를 간단히 설명하거나 아예 생략하고 질문 ③을 상세하게 다뤄야 한다.

때로는 상대가 관심을 갖는 질문과 기대하는 반응에서 이끌어낸 중요한 질문이 서로 일치하지 않기도 한다. 예를 들어, 점유율 향상 대책의 실행을 승인받으려는 부하 직원은 질문 ③에 중점을 두려 하지만, 상사는 대책 이전에 질문 ②에 관심을 갖고 있는 경우가 그런 사례다. 이럴 때 부하 직원은 자신이 기대하는 반응이 상사의 의사를 고려하지 않고 앞서 나가지는 않았는지 확인하고 상사의 관심사인 질문 ②에 대해 충분한 설명을 준비해야 한다. 그리고 나서 왜 지금 시장 점유율 향상 대책에 실행 승인이 필요한지를 문서에 쓰고 상사의 관심을 질문 ③으로까지 넓히도록 시도하는 것이 좋다.

한편, 보고서를 쓰는 사람이 제품 X를 숙지한 담당자라면 어떻게 해야 할까? 담당자인 만큼 질문 ③에 대한 설명을 풍부하고 구체적으로 제시해야 비로소 보고서를 읽는 사람을 설득할 수 있다. 만약 새로운 시책을 시행하는 데 장애가 예상된다면 새로운 시책의 내용에 덧붙여 장애 극복 방법까지 언급해주면 좋다.

이처럼 기대하는 반응, 읽는 사람, 쓰는 사람의 각 관점에서 주제를 고찰해야 한다. 여러 관점에서 주제를 고찰해야 읽는 사람을 이해시키고 기대하는 반응을 이끌어낼 본론의 윤곽을 잡을 수 있다.

* * *

'무엇에 대해, 무엇을 위해, 누가, 누구에게 쓸 것인가' 하는 커뮤니케이션 설정이 애매모호하면 상대가 이해하기 힘든 문서가 만들어지기 마련이다. 특히 '무엇에 대해, 무엇을 위해 쓸 것인가', 즉 문서의 주제와 읽는 사람에게 기대하는 반응이 애매한 상태에서 무조건 글쓰기에 몰입하게 되는 함정을 조심하라. 행선지조차 확인하지 않은 채 무작정 출발해서는 안 될 일이다.

가장 먼저 '주제, 읽는 사람에게 기대하는 반응, 쓰는 사람, 읽는 사람'이라는 커뮤니케이션 설정을 확인하자. 그래야 작성할 문서의 전체 구성을 그려볼 수 있다. 도입부의 바탕이 되는 문서의 주제와 기대 반응은 무엇인가? 본론에서는 주제를 어떤 질문으로 바꿔서 답변해야 할까? 답변할 질문이 여러 개라면 어느 질문에 중점을 두고 설명해야 할까? 이런 확인 과정을 통해 문서 작성자는 구성의 윤곽을 뚜렷하게 잡을 수 있다.

이 장에서 언급한 구성의 준비는 얼핏 글쓰기와 동떨어져 있는 것처럼 보일지 모른다. 하지만 이것은 쉽고 논리적인 문서를 순조롭게 작성하는 데 반드시 필요한 과정이다. '급할수록 돌아가라'는 말은 로지컬 라이팅에도 잘 적용된다. 철저히 준비해서 도입부의 초안을 작성한 다음, 문서의 핵심이 되는 본론 구성으로 넘어가자.

해결책 설명에
'하늘, 비, 우산'을 포함시키자

맥킨지앤드컴퍼니 일본 사무소에서는 대책을 설명하는 커뮤니케이션 내용을 '하늘, 비, 우산'에 비유한다. 우산을 갖고 나갈지 말지를 결정할 때는 반드시 하늘과 비에 대한 설명이 필요하다. '하늘'은 행동 대책의 중요한 전제가 되는 상황 설명이다. '하늘은 활짝 개어 있다', '동쪽 하늘은 맑지만 서쪽 하늘은 먹구름이 끼어 있다' 등은 발신자와 수신자 모두에게 객관적 사실이다. '비'는 행동 대책을 결정하는 기준이다. 결정할 때 '비가 내릴 것이다'라고 생각했는지, 혹은 '지금은 비가 오지 않는다'라고 생각했는지를 드러내는 판단 설명이다. 실제로 문제를 해결할 때는 판단 자체가 해결 과제인 경우도 있지만 반대로 기회가 될 때도 있다. 하늘과 비가 모두 있어야 비로소 상대는 우산이라는 행동 대책을 납득할 수 있다.

이처럼 '사실은 무엇인가', '과제는 무엇인가', '대책은 무엇인가'를 단순한 기호로 표시해보는 발상은 흥미롭다. '지금은 비나 우산이 아니라 하늘을 인식해야 한다'하는 식으로 활용하면 커뮤니케이션 내용을 명확히 정리할 때 유용하다.

제2장
본론의 구성 1
- 로지컬 씽킹의 개론

문서의 핵심인 본론은 '질문에 대한 답변'이다. 답변은 다양한 정보와 분석 결과를 바탕으로 쉽고 논리적으로 구성해야 상대를 납득시킬 수 있다. 감각과 경험에만 의존한 접근은 비효율적이다.

사고를 정리하고 논리적으로 구성하려면 단순하고 범용성 높은 도구를 활용할 필요가 있다. 그 도구로서 활용할 수 있는 논리 유형이 바로 로지컬 씽킹 접근법이다. 구체적으로는 'MECE', 'So What?/Why So?'인데, 이 장에서는 이 두 가지에 대해 간단히 알아보겠다. 이와 관련해 상세한 설명이 필요하거나 착실히 복습하고 싶다면《로지컬 씽킹》을 참고하길 바란다.

1. '논리적'이라는 의미를 이해한다

논리적이라는 것은 무슨 뜻일까. [도표 2-1]과 [도표 2-2]를 비교하며
생각해보자. 두 도표는 모두 회의나 세미나 실시를 지원하는 '컨퍼런스
지원 서비스'를 제공하는 기업이 고객에게 서비스의 장점을 설명하는

[도표 2-1] 이해하기 어려운 설명의 사례

컨퍼런스 지원 서비스의 장점

① 사무국 담당자의 수고를 덜어드립니다.
② 효과적인 회의를 실현해드립니다.
③ 비용 절감을 지원합니다.
④ 회의 개최에 관련된 모든 회계 업무를 대행해드립니다.
⑤ 대중교통으로 이동할 경우 저렴한 방법을 제안합니다.
⑥ 효과적인 회의를 위해 목적에 맞는 로케이션, 설비, 분위기를 갖춘 회의장을 찾
　아드립니다.
⑦ 목적에 맞는 창의적인 프로그램을 제안합니다.
⑧ 목적에 맞는 창의적인 활동을 제안합니다.
⑨ 해당 분야의 우수한 통역가를 섭외해드립니다.
⑩ 제휴 시설에서 특별 금액을 적용해드립니다.
⑪ 참가자로부터 참가 비용을 수렴해 관리해드립니다.
⑫ 회의 기획부터 운영, 사후 관리까지 사무국 기능을 맡아드립니다.
⑬ 사무국 업무를 총괄 대행해드립니다.

• 정보를 불규칙하게 나열한 상태다.

자료다. [도표 2-2]는 [도표 2-1]에 비해 핵심을 파악하기가 훨씬 쉽다. 두 자료의 차이점은 무엇일까.

[도표 2-1]은 여러 장점이 불규칙하게 나열돼 있다. 매력적인 장점이 꽤 많지만 한눈에 파악하기가 어렵다. 또한 각각의 장점에는 의미가 중복된 항목도 있다. 가령 '⑫ 회의 기획부터 운영, 사후 관리까지 사무

[도표 2-2] 이해하기 쉽게 구성된 설명의 사례

컨퍼런스 지원 서비스의 장점

- **비용 절감을 지원해드립니다.**
  제휴 시설에서 특별 금액을 적용해드립니다.
  대중교통으로 이동할 경우 저렴한 방법을 제안합니다.

- **담당자의 업무를 줄여드립니다.**
  기획에서 준비, 운영, 사후 관리까지 사무국 기능을 대행해드립니다.
  참가자의 참가비 접수를 포함해 회의 개최에 관련된 모든 회계 업무를 대행해드립니다.

- **효과적인 회의를 실현해드립니다.**
  회의의 목적에 맞는 로케이션, 설비, 분위기를 갖춘 회의장을 찾아드립니다.
  창의성 넘치는 프로그램과 활동을 제안해드립니다.
  해당 분야의 우수한 통역가를 섭외해드립니다.

- 정보에 중복과 누락이 없고 구체적으로 명시된 그룹으로 나뉘어 있다.
- 그룹별로 요점이 명확하게 정리돼 있다.

국 기능을 맡아드립니다'와 '⑬ 사무국 업무를 대행해드립니다'는 결국 '기획부터 준비, 운영, 사후 관리까지 모든 사무국 기능을 대행해드립니다'라는 말로 통합할 수 있다.

게다가 각 장점이 구체적으로 드러나지 않았다. '③ 비용 절감을 지원합니다', '⑤ 대중교통으로 이동할 경우 저렴한 방법을 제안합니다', '⑩ 제휴 시설에서 특별 금액을 적용해드립니다'에는 비슷비슷한 내용이 두루뭉술하게 나열돼 있다. 그런데 이것들은 ⑤와 ⑩이 가능하기에 ③이 가능한 관계이므로 같이 나열해서는 안 된다.

이에 비해 [도표 2-2]는 어떤가. [도표 2-1]과 두 가지 면에서 차이를 보인다.

첫째, 컨퍼런스 지원 서비스의 장점을 단순히 나열하지 않고 중복 없이 세 그룹으로 정리했다. 이외에 누락된 장점이 없다면, 고객은 해당 서비스로 세 가지 장점을 누릴 수 있다는 사실을 한눈에 알 수 있다.

둘째, '비용 절감을 지원합니다', '담당자의 업무를 줄여드립니다', '효과적인 회의를 실현해드립니다'라는 세 가지 장점의 요점이 일목요연하게 드러나 있다.

설명하려는 내용을 단순히 나열하지 말고 그룹으로 나눌 것, 그리고 그룹으로 나눈 정보로 알 수 있는 내용의 요점을 명확하게 제시할 것, 이 두 가지야말로 논리적으로 글을 구성하기 위한 기본 요소다.

2. 논리적으로 사고를 정리하는 도구를 확보한다

문제는 설명할 내용을 얼마나 잘 분류하고 거기에서 어떻게 요점을 끌어내느냐다. 이때 필요한 논리 유형, 즉 사고를 정리하기 위한 도구가 바로 MECE와 So What?/Why So?다. 이 도구들은 글을 논리적으로 이해하기 쉽게 구성하는 데 필요한 로지컬 씽킹 접근법의 기본이다. 우선 MECE와 So What?/Why So?부터 살펴보자.

MECE: 중복, 누락, 혼재 없이 나눈다

어떤 정보나 개념, 또는 복잡하고 다양한 정보를 설명할 때 설명 대상을 중복되지 않게 누락 없이 나누면 전체 윤곽을 파악하기 쉽다. 이것이 바로 MECE, 즉 Mutually Exclusive and Collectively Exhaustive의 개념이다(도표 2-3). 이 용어는 경영 컨설팅 회사인 맥킨지앤드컴퍼니에서 사용돼왔다. MECE를 사용하면 설명에 의미가 어긋난 말이 섞여 있거나 불규칙하게 나열된 문장을 중복, 누락, 혼재 없는 그룹으로 나눠 정리할 수 있다.

MECE의 세 가지 유형
MECE는 크게 세 가지 유형으로 나눌 수 있다.

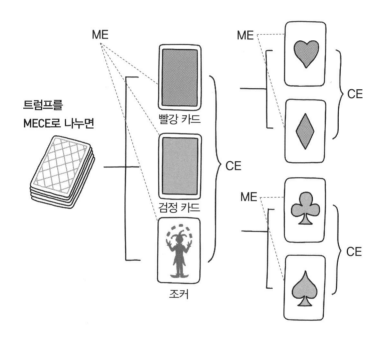

[도표 2-3] MECE란?

어떤 사항이나 개념을 중복되지 않으면서도 전체적으로 누락 없는 부분 집합으로 인식하는 것

Mutually Exclusive and Collectively Exhaustive
(서로 중복되지 않고)　　　　　　　(전체적으로 누락 없는)

트럼프를
MECE로 나누면

ME

빨강 카드

검정 카드

조커

CE

ME

♥

♦

CE

ME

♣

♠

CE

유형 1. 요소를 분해한다

사람을 남성과 여성으로, 또는 고객을 성별과 연령으로 분류하는 등 전체를 구성 요소로 나누는 것이다. 이때 사람을 남녀로 나누는 것처럼

유형 1. 요소를 분해한다

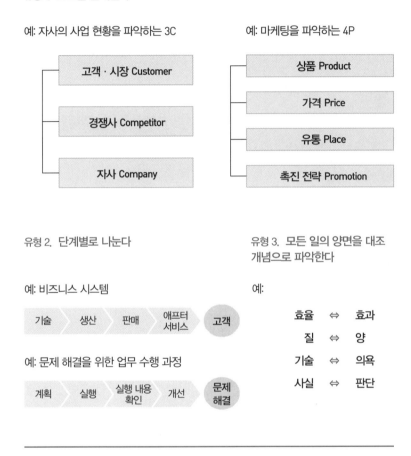

예: 자사의 사업 현황을 파악하는 3C

- 고객 · 시장 Customer
- 경쟁사 Competitor
- 자사 Company

예: 마케팅을 파악하는 4P

- 상품 Product
- 가격 Price
- 유통 Place
- 촉진 전략 Promotion

유형 2. 단계별로 나눈다

예: 비즈니스 시스템

기술 → 생산 → 판매 → 애프터 서비스 → 고객

예: 문제 해결을 위한 업무 수행 과정

계획 → 실행 → 실행 내용 확인 → 개선 → 문제 해결

유형 3. 모든 일의 양면을 대조 개념으로 파악한다

예:

효율	⇔	효과
질	⇔	양
기술	⇔	의욕
사실	⇔	판단

MECE를 증명할 수 있는 유형이 있는가 하면, 중복과 누락이 없다고 확실히 증명할 수는 없지만 이렇게 하면 중대한 중복, 누락, 혼재가 없다고 약속된 유형도 있다.

MECE를 활용한 프레임워크의 예시를 들어보자. 이것은 비즈니스 커뮤니케이션에서 활용 가치가 높으니 잘 기억해두자.

[도표 2-4]에서 3C는 자사의 현황을 파악할 때 사용하는 프레임워크다. 즉 고객·시장Customer의 동향, 경쟁사Competitor의 상황, 자사Company의 상황이라는 세 가지 관점에서 자사나 사업의 현황 전체를 파악하는 것이다. 시장에는 경쟁 기업은 물론 자사도 포함된다. 하지만 여기서 고객과 시장에 대한 설명은 고객과 시장의 전체 동향으로 한정되며, 기업별 현황은 경쟁사와 자사 항목에서 설명하는 것이 3C를 사용할 때의 전제 조건이다.

또한 4P는 광범위한 마케팅에서 어떤 고객층을 설정하고 어떤 상품과 서비스를 어떻게 제공할지 설명할 때 사용하는 프레임워크다. 어떤 특성의 상품Product을, 어떤 가격Price에, 어떤 촉진 전략Promotion으로, 어떤 유통Place을 통해 판매할지를 네 개의 항목으로 설명한다.

유형 2. 단계별로 나눈다

모든 일을 기점에서 종점까지 단계별로 나누어 인식하는 것을 '비즈니스 시스템' 사고라고 한다. 예를 들어, 제품을 고객에게 제공하기까지의 과정을 기술, 생산, 판매, 애프터서비스 등 기능으로 분해해 인식하는 것이다. 단계별로 나누는 방식을 업무 수행 프로세스에 적용하면 계획·실행·실행 내용 확인·개선 단계로 나누거나, 과거·현재·미래 등 시간 축으로 나눌 수 있다.

유형 3. 모든 일의 양면을 대조 개념으로 파악한다

부하 직원이 상사에게 업무 개선안을 설명하는 상황을 가정해보자. 해당 업무를 개선해 효율성이 높아지는 상황만 설명하면 상사는 개선안의 장단점을 판단할 수 없다. 실제로 얼마나 고객을 만족시킬지, 직원 만족에는 어떤 영향을 미칠지에 대한 설명을 빠뜨리면 안 된다. 즉, 효율과 효과의 두 가지 측면을 설명해야 한다.

이처럼 두 가지를 동시에 추구해야 전체를 파악할 수 있는 개념이 바로 대조다. 가령 '질과 양', '사실과 판단'이라든지, 사람의 능력을 기술skill과 의욕will이란 양면으로 파악하는 것이다. 대조 개념을 사용해서 설명할 내용을 그룹으로 나눠 분류하는 것도 MECE 유형 중 하나다.

그룹으로 나눈 개수와 제목이 중요

MECE의 세 가지 유형과 사례에 유의하며 설명 내용을 그룹으로 나눠보자. 이때 그룹의 개수와 제목에 유의해야 한다.

설명 내용을 알기 쉽게 보여주려고 MECE로 나누는 것이므로, 그룹의 개수는 상대가 기억하기 쉬운 숫자로 하는 것이 좋다. 그리고 너무 많이 나누지는 말자. 상대가 기억하기 어렵고, 애써 분류한 자료의 효과도 떨어지며, 전달자 역시 핵심이 몇 가지인지 파악하기가 어렵다.

필자의 경험에 따르면 내용을 세분화한 그룹의 개수는 세 가지 정도가 바람직하다. 많아도 다섯 가지를 넘지 않는 것이 좋다. 만약 여섯 혹은 그 이상으로 나눠야 할 경우는 세 가지 정도로 크게 묶어서 나누면 어떨지 궁리해보자.

또한 그룹으로 나눈 뒤에는 반드시 제목을 붙여야 한다. 제목에는 어떤 관점으로 그룹을 나누었는지 그 기준을 명시한다. '경쟁사의 신제품 X의 마케팅 현황'을 주제로 보고서를 작성한다고 하자(도표 2-5). 조사 결과를 4P의 구성에 따라 네 가지 그룹으로 나눈다면, 각각을 'X의 특성 정보', 'X의 가격 정보', 'X의 유통 정보', 'X의 촉진 전략 정보'라고 제목을 붙이고 보고서의 주요 항목에도 같은 제목을 붙이면 된다. 이렇듯 설명 내용을 MECE로 그룹을 나눈 뒤 제목을 붙이면 상대가 보고서의 개요를 한눈에 파악할 수 있다.

[도표 2-5] MECE로 그룹을 나눌 때 유의점

경쟁사 신제품 X의 마케팅 현황을 설명하는 사례

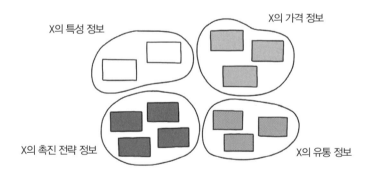

- 유의점
  ①개수: 상대가 기억하기 쉽게 2~4개 정 도로 나누는 게 적당하다.
  ②제목: 어떤 관점으로 그룹을 나눴는지 MECE의 기준을 밝힌다.

So What?/Why So?: 결국 요점이 무엇인지 정확하게 이끌어낸다

MECE를 이용해 그룹을 나누고 나서 설명을 더 명료하게 하려면 어떻게 해야 할까. 각 그룹에 속하는 여러 정보에서 '결국 말하고자 하는 요점이 무엇인지'를 정확히 제시해야 한다. 결국 말하고자 하는 요점이 So What?이다. 여러 정보 가운데서 요점이 무엇인지를 자문자답하면서 설명할 내용의 골자를 추출하는 것을 So What?이라고 한다.

회의 시간에 "…입니다. 따라서 결론은 …라고 할 수 있습니다."라고 설명한다고 치자. 이 말에서 '따라서 결론은' 앞에 설명한 정보에서 자신이 답변해야 할 질문에 대한 답변이 자연스럽게 나오도록 중요한 요점을 추출하는 것이다. '따라서 결론은' 다음의 내용은 앞에 밝힌 정보에 대해 So What?한 것이다.

이때 전달자는 반드시 So What?한 설명 내용에 대해 왜 그렇게 말할수 있는지를 스스로에게 질문하고, 원래의 정보와 대조해 확실히 그 설명이 성립한다는 사실을 검증해두어야 한다. 이렇게 '왜 그렇게 말할 수있는가?' 하고 검증하는 것을 Why So?라고 한다. 이것은 So What?한 내용이 전달자의 잘못된 단정이나 착각이 아니라 원래의 정보에서 확실히 설명된다는 것을 확인하는 과정이다. 이 검증이 제대로 이루어져야 상대의 "왜?"라는 의문에 답할 수 있고 전달 내용이 설득력을 갖추게 된다.

[도표 2–6]에서 So What?/Why So?의 관계를 살펴보자. MECE로 정리한 정보 A, B, C가 설정된 질문에 답변이 되도록 So What?한 것이 정보 X다. 이때의 질문이 '현황이 어떤가?'라면 X는 상황에 대한 설명이

So What? 전달자가 갖고 있는 자료 전체, 또는 그룹으로 나눈 자료 중에서 과제에
비추어 말할 수 있는 내용의 핵심을 추출하는 작업이다.

Why So? So What?한 요소의 타당성을 자료 전체 혹은 그룹으로 나눈 요소로 증명
할 수 있다는 사실을 검증하는 작업이다.

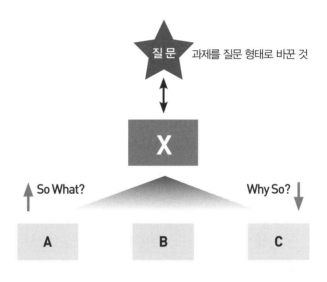

되고, 질문이 '과제는 무엇인가?'라면 X는 과제에 대한 설명이 되며, 질
문이 '대책은 무엇인가?'라면 X는 대책에 대한 설명이 된다. 이와 동시
에 전달자가 X에 대해 Why So?라고 스스로 묻고 답하며 검증할 때, 세
가지 정보 A, B, C가 X를 설명하는 데 중복, 누락, 혼재가 없는 MECE
관계여야 한다.

질 문 베스트 피트니스의 경쟁업체
현황은 어떤가?

경쟁업체들은 각기 다른 고객층을 명확하게 타깃으로 삼아 차별화된
트레이닝 프로그램을 제공한다. 이것이 매출의 주축이 된다.

So What?   Why So?

A 헬스클럽	B 체육관	C 센터
A 헬스클럽은 올봄 이후 회원 수가 증가하고 매출이 확대됐 다. 특히 미용 조언까지 해주는 '아름다운 임산부 라이프 스위 밍' 클래스와 출산 후 엄마와자 녀가 함께 즐기는 '엄마와 아이 의 스위밍' 클래스가 멋쟁이 임 산부에게 인기를 얻어 매출의 주축을 이룬다.	B 체육관에서는 건강을 추구 하는 직장인들 대상의 저가 셀 프 트레이닝 프로그램이 인기 다. 특정 트레이너의 개별 지도 를 필요로 하지 않는 트레이닝 중급자 이상 회원을 대상으로 이른 아침과 밤, 그리고 주말에 프로그램을 제공하는데, 이것 이 B 체육관의 매출에 공헌하 고 있다.	C 센터에서는 고객의 건강 상 태에 맞춰 스포츠 닥터와 트레 이너가 구성한 개별 프로그램 을 제공한다. 그중에서 시니어 클래스가 부유한 장노년층에 게 큰 인기를 끌고 있다. C 센터 매출의 절반을 차지할 정도로 급성장해 전체 매출 신장에 기 여하고 있다.

구체적인 사례를 [도표 2-7]로 살펴보자. 지금 당신은 베스트 피트니 스라는 스포츠 센터에 근무하는 중인데 근처 경쟁업체의 현황을 조사해 상사에게 보고하려고 한다. 해당 도표는 경쟁업체의 현황을 So What?/ Why So?의 사고방식으로 정리한 것이다. 베스트 피트니스의 경쟁 상 대인 A 헬스클럽, B 체육관, C 센터의 각 시설 현황이 설명돼 있다. So

What?한다는 것은 '경쟁업체의 현황은 어떤가?'하는 질문에 답변하기 위해 이 정보들에서 핵심을 추출하는 일이다. 세 가지 정보 위에 명시된 '경쟁업체들은 각기 다른 고객층을 명확하게 타깃으로 삼아 차별화된 트레이닝 프로그램을 제공한다. 이것이 매출의 주축이 된다'라는 설명 말이다. 그리고 이 설명을 Why So?로 자문자답해서 A 헬스클럽, B 체육관, C 센터에 대한 설명이 나오면 So What?/Why So? 관계가 확실히 성립한다고 볼 수 있다.

당신이 세 곳에 대해 각각 설명하는 데 그치지 않고 정확히 So What?한 내용을 상사에게 제시하면 상사는 보고서로 제출하든 구두로 보고하든 안건의 요점을 금세 파악할 것이다.

이렇게 설명의 요점을 명확하게 하되 Why So?라는 질문을 받았을 때 즉시 근거를 제시할 수 있도록 여러 정보를 정리해야 한다. 이것이 So What?/Why So? 사고방식이다.

MECE로 나눈다는 것은 같은 평면상의 설명을 중복, 누락, 혼재 없이 그룹 지어 상호 관계성을 확실히 밝히는 일로, 설명 내용에 횡적 관계를 만든다. 한편 So What?/Why So?는 평면상 설명 내용을 묶어 요점을 정확하게 추출하는 것으로, 설명 내용에 종적 관계를 만든다.

앞에서 컨퍼런스 지원 서비스의 장점을 설명한 [도표 2-1]과 [도표 2-2]를 다시 살펴보자. 해당 사례들의 차이는 MECE와 So What?/Why So?라는 두 가지 도구로 종적, 횡적 관계를 정리했느냐 아니냐에 있다. 이처럼 설명 내용이 짧으면 MECE와 So What?/Why So?만 사용해도 논점을 알기 쉽게 정리할 수 있다.

3. 논리적으로 구성하는 도구를 확보한다

우리가 비즈니스 문서의 구성에 고심할 때, 상대에게 설명해야 하는 내용은 조금 더 복잡하다. 결론에 대해서 여러 가지 근거 요소를 조리 있게 설명해야 하는데, 이때 이렇게 구성하면 설명 전체가 논리적이 된다는 설명의 형태를 사용하면 효율적이다.

이런 설명 형태로서 논리 유형을 소개하겠다. 논리 유형은 MECE와 So What?/Why So?라는 두 가지 사고방식에 준해서, 결론과 결론을 뒷받침하는 근거들을 구성해나간다.

논리의 기본 구조

논리의 기본이 무엇인지 그 구조부터 이해해보자. 논리는 어떤 '질문'에 대한 답변의 핵심인 '결론'과 그 결론을 뒷받침하는 여러 '근거'를 하나의 구조로 구성하는 것이다. 문제는 여러 근거를 어떻게 관계 짓느냐인데, 앞서 소개한 MECE와 So What?/Why So?의 사고방식을 이용하면 된다. 일단 논리는 다음처럼 정의할 수 있다.

> 논리란 무엇인가?
> 논리는 질문에 대한 답변을 구성하는 결론과 여러 근거를 종적, 횡적의 두 가지 법칙으로 구조화한 것이다. 구조의 요소들은 다음 요건을 충족해야 한다.
> • 요건 1. 결론이 과제의 답변이 돼야 한다.

- **요건 2.** 세로 방향으로는 결론을 정점으로 So What?/Why So?의 관계가 성립해야 한다.
- **요건 3.** 가로 방향으로는 동일 계층의 여러 요소가 MECE의 관계여야 한다.

논리의 기본 구조를 도표화한 것이 [도표 2-8]이다. 어떤 문제의 답변이 결론 X를 정점으로, X와 그것을 뒷받침하는 여러 근거(A, B, C, a-1, a-2, a-3…)로 구성돼 있는 것을 확인할 수 있다.

요건 1. 결론이 과제의 답변이 돼야 한다

논리는 어떤 질문에 대한 답변을 구성한 것이다. 따라서 논리적으로 설명하려면 제1장에서 살펴본 것처럼 질문을 분명히 해둘 필요가 있다.

질문에 대한 답변의 핵심이 결론이다. 질문과 결론은 서로 부합해야 한다. [도표 2-8]에서 질문이 '사업 현황은 어떤가?'라면 결론 X는 '사업 현황은 ○○하다'라고 상황을 설명해야 한다. 만약 결론 X가 '사업부는 마케팅 기능을 강화하기 위해 △△에 주력한다'는 대책을 설명한다면 질문에 맞는 정확한 답변이라고 할 수 없다. 결론과 근거를 아무리 올바르게 구성했어도 핵심에서 벗어난 커뮤니케이션이 되고 만다. 따라서 질문과 답변은 반드시 서로 부합해야 한다.

요건 2. 세로 방향으로는 결론을 정점으로 So What?/Why So?의 관계가 성립해야 한다

[도표 2-8]을 위에서 아래로 살펴보자. 이때 상위 요소와 하위 요소 사

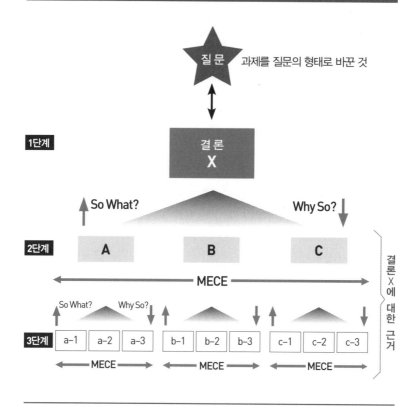

이에는 Why So?의 관계가 성립한다. 커뮤니케이션 상대가 결론 X에 Why So?라고 의문을 제기하면 결론 X의 바로 아래에 있는 A, B, C가 그 질문의 직접적인 답변이 된다.

마찬가지로 커뮤니케이션 상대가 요소 A에 Why So?라고 질문할 경우, 직접적인 답변은 a-1, a-2, a-3이다. 이처럼 상대의 Why So?라는 질문에 답변하는 관계가 B와 b-1, b-2, b-3과의 사이, C와 c-1, c-2, c-3과의 사이에도 성립한다.

이번에는 반대로 [도표 2-8]을 아래에서 위로 살펴보자. Why So?는 So What?과 보완 관계를 이룬다. a-1, a-2, a-3 세 가지를 So What?한 것이 A이고, b-1, b-2, b-3을 So What?한 것이 B이며, c-1, c-2, c-3을 So What?한 것이 C가 된다. 게다가 요소 A, B, C를 질문에 대한 답변이 되도록 So What?한 것이 결론 X다.

논리는 이처럼 여러 근거가 So What?/Why So?의 관계를 이루며 이야기가 논점에서 벗어나지 않고 전개돼야 한다. 그러면 전달자가 '결론은 X입니다. 왜냐하면 A, B, C라고 말할 수 있기 때문입니다'라고 설명했을 때 상대도 '왜냐하면'에 해당하는 내용을 자연스럽게 이해할 수 있다.

요건 3. 가로 방향으로는 동일 계층의 여러 요소가 MECE의 관계여야 한다

이번에는 [도표 2-8]을 가로 방향으로 살펴보자. 하나의 단계 안에 포함된 여러 근거 사이에는 MECE 관계가 성립한다.

2단계의 A, B, C 세 요소는 X를 설명하는 데 서로 중복, 누락, 혼재가 없는 요소로 그룹핑돼 있다. 마찬가지로 3단계도 근거 a-1, a-2, a-3, 근거 b-1, b-2, b-3, 근거 c-1, c-2, c-3이 A, B, C 각각에 대해 심각한 중복, 누락, 혼재가 없게끔 묶여 있다.

이처럼 So What?/Why So?와 MECE를 사용해 상하 방향의 설명이 서로 부합하고 가로 방향으로 중복, 누락, 혼재가 없도록 결론과 근거를 구성하는 것이 바로 논리다. 이 기본 구조를 뼈대로 한 논리 유형에는 병렬형과 해설형이 있으며, 이것들을 설명 형태로 만들어 답변을 구성할 수 있다. 두 가지 논리 유형의 특징과 사용법을 간략하게 살펴보자.

병렬형 논리 유형

병렬형은 논리의 기본 구조 자체라고 해도 좋다. [도표 2-9]처럼 결론을 정점으로, 결론을 뒷받침하는 여러 근거가 세로 방향으로는 So What?/

[도표 2-9] 논리 유형 1: 병렬형

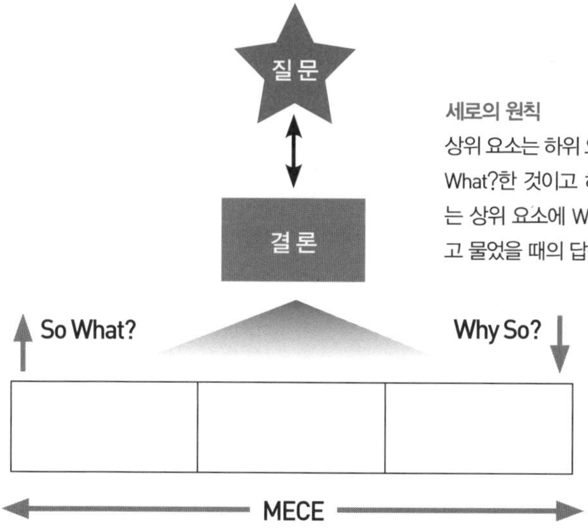

질문

세로의 원칙
상위 요소는 하위 요소를 So What?한 것이고 하위 요소는 상위 요소에 Why So?라고 물었을 때의 답이다.

결론

So What?   Why So?

MECE

가로의 원칙
동일한 단계에 있는 여러 요소가 상위 요소에 대해 MECE의 관계에 있다.

Why So?의 관계를, 가로 방향으로는 동일 단계 내에 있는 여러 근거가 MECE 관계를 이루도록 구성한다.

[도표 2-9]에는 세로 단계가 한 단계밖에 없지만, 항상 한 단계로만 구성되는 것은 아니다. 지금까지의 커뮤니케이션 과정을 되돌아보고 설명을 전달받는 상대가 결론의 어떤 단계까지 Why So?라는 의문을 품을지 추측해보자. 그다음에는 상대의 의문에 과부족 없는 근거를 제시하도록 계층화하면 된다.

물론 상대가 어디까지 의문을 가질지 알 수 없으며, 어쩌면 의문을 제기할 만큼 관심이 없을지도 모른다. 이때는 전달자로서 어느 단계의 근거까지 전달해야 상대가 결론을 정확히 이해할지 상정한 뒤 몇 단계로 작성할지 결정하자.

또한 [도표 2-9]에서는 세 가지 근거가 MECE로 나뉘어 있다. 그룹의 개수는 반드시 세 가지로 한정된 것은 아니다. 다만 커뮤니케이션 상대가 기억하기 쉬운 세 가지 정도가 이상적이다.

[도표 2-10]은 병렬형의 사례. 어떤 기업의 총무부에서 프리마 백화점을 통해 거래처에 10만 원 상당의 설날 선물을 보내기로 했다. 이때 선물로 무엇을 보내면 좋을지를 검토한 담당자가 자신의 의견을 설명하기 위해 논리를 구성한 자료다.

결론은 상품 자유선택권을 보내는 것이다. 이 결론에 대해 Why So?라고 질문받았을 때의 직접적인 답변이 결론의 아래에 있는 세 가지 근거다. 프리마 백화점에서 보낼 수 있는 설날 선물을 MECE로 나누면 구체적인 상품, 상품권, 상품 자유선택권으로 정리된다. 각 선택지

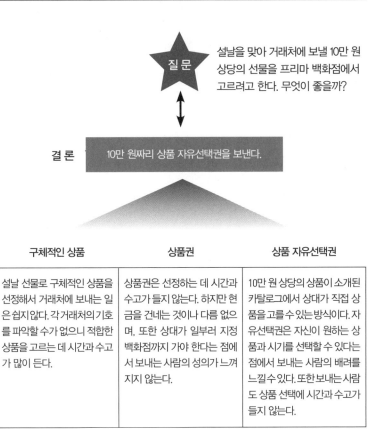

질 문 · 설날을 맞아 거래처에 보낼 10만 원 상당의 선물을 프리마 백화점에서 고르려고 한다. 무엇이 좋을까?

결 론 · 10만 원짜리 상품 자유선택권을 보낸다.

구체적인 상품	상품권	상품 자유선택권
설날 선물로 구체적인 상품을 선정해서 거래처에 보내는 일은 쉽지 않다. 각 거래처의 기호를 파악할 수가 없으니 적합한 상품을 고르는 데 시간과 수고가 많이 든다.	상품권은 선정하는 데 시간과 수고가 들지 않는다. 하지만 현금을 건네는 것이나 다름 없으며, 또한 상대가 일부러 지정 백화점까지 가야 한다는 점에서 보내는 사람의 성의가 느껴지지 않는다.	10만 원 상당의 상품이 소개된 카탈로그에서 상대가 직접 상품을 고를 수 있는 방식이다. 자유선택권은 자신이 원하는 상품과 시기를 선택할 수 있다는 점에서 보내는 사람의 배려를 느낄 수 있다. 또한 보내는 사람도 상품 선택에 시간과 수고가 들지 않는다.

를 비교 설명한 세 가지가 '상품 자유선택권을 보낸다'는 결론을 뒷받침하고 있다.

병렬형의 특징과 사용상 유의점

병렬형은 MECE한 근거를 제시하고 결론을 설명하는 매우 단순한 구조다. 병렬형 논리 유형이 지닌 설득력의 원천은 결론에 이르는 사고와 검토가 폭넓게 이행됐는지, 그리고 중복, 누락, 혼재 없이 설명됐는지에 있다. 즉 근거가 MECE에 맞아야 한다. [도표 2-10]에서 만약 프리마 백화점의 선물에 대한 제4의 선택지가 있었다면 세 가지 선택지를 비교한 앞의 설명에 누락이 발생한 것이므로 설득력이 없다. 세 가지 선택지가 있다고 하면서 각 선택지의 설명에 중복이 있는 경우도 설득력이 없기는 매한가지다. 그러므로 근거가 MECE에 들어맞는다는 사실을 충분히 검증해야 한다.

효과적인 적용 사례

병렬형 논리 유형은 단순한 구조로 설명하고 싶은 다음과 같은 경우에 사용하면 좋다.

- 과제나 주제를 잘 이해하지 못하고 관심도 없을 것 같은 상대에게 자신의 논지를 전체상으로 간결하게 보여주고 싶을 때
- 결정 사항의 연락과 확인 등 결론에 대해 상대와 논의할 여지가 없는 내용을 전체상으로 간결하게 보여주고 싶을 때
- 자신의 폭넓은 사고와 검토에 중복, 누락, 혼재가 없다는 사실을 강조해 상대를 설득하고 싶을 때

해설형 논리 유형

또 다른 논리 유형은 해설형이다. 해설형도 세로 방향으로는 병렬형과 마찬가지로 정점의 결론과 그 결론을 뒷받침하는 근거를 So What?/Why So?한 관계로 이루어진다. 다른 점은 가로의 MECE 관계를 만드는 방법이다.

[도표 2-11]처럼 해설형 논리 유형에서는 근거가 세 가지 요소로 이루어지고 아래와 같은 순서로 나열돼 있다.

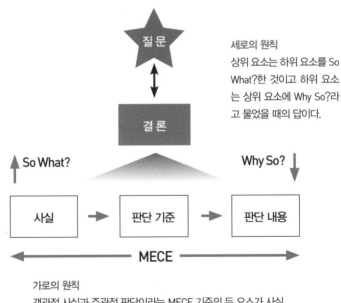

[도표 2-11] 논리 유형 2: 해설형

세로의 원칙
상위 요소는 하위 요소를 So What?한 것이고 하위 요소는 상위 요소에 Why So?라고 물었을 때의 답이다.

가로의 원칙
객관적 사실과 주관적 판단이라는 MECE 기준의 두 요소가 사실, 판단 기준, 판단 내용의 흐름으로 구성돼 있다.

- 과제에 대한 결론을 이끌어내기 위해 상대와 공유해야 하는 '사실'
- '사실'에서 결론을 이끌어내기 위한 전달자로서의 '판단 기준'
- '사실'을 '판단 기준'으로 판단한 결과, 어떻게 평가되는지를 나타내는 '판단 내용'

사실, 판단 기준, 판단 내용은 모두 결론을 뒷받침하는 근거지만 각기 성격이 다르다. 사실은 객관적 근거며, 판단 기준과 판단 내용은 전달자의 주관적 근거다. 따라서 근거를 객관적 요소와 주관적 요소로 나누어 MECE에 맞게 분류한다.

[도표 2-12]는 '10만 원 상당의 설날 선물로 프리마 백화점에서 무엇을 보내면 좋을까?'라는 질문의 답변을 해설형 논리 유형으로 구성한 자료다. 결론은 병렬형과 똑같이 상품 자유선택권을 보내는 것이지만 근거의 설명이 크게 다르다.

해당 도표는 가장 먼저 '사실'로서 프리마 백화점에서 보낼 수 있는 구체적인 상품, 상품권, 상품 자유선택권이라는 선택지를 설명한다. 이 단계에는 전달자의 판단이 들어가지 않기에 선택지는 객관적으로 설명된다. 그다음에는 전달자가 선택지 가운데 상품 자유선택권을 선택한 '판단 기준'이 제시된다. 이때 상대의 입장과 선물을 보내는 사람의 입장 등 두 가지 관점에서 판단 기준을 제시한다. 마지막으로는 '판단 내용'인데, 판단 기준에 따라 선택지를 평가하고 어떤 선택지가 가장 바람직한지 설명해 결론을 뒷받침한다.

질문 설날을 맞아 거래처에 보낼 10만 원 상당의 선물을 프리마 백화점에서 고르려고 한다. 무엇이 좋을까?

결론 10만 원짜리 상품 자유선택권을 보낸다.

사실	판단 기준	판단 내용
프리마 백화점에서 고를 수 있는 설 선물은 크게 세 가지 선택지가 있다.	이번 설날 선물의 선정 조건은 두 가지다.	• **선택지 A** 각 거래처의 기호를 파악할 수 없기에 적합한 선물을 고르기 어렵다. 또한 보내는 사람도 상품을 고르는 데 시간과 수고가 든다.
• **선택지 A** 보내는 사람이 고른 구체적인 상품	① 상대가 기호와 편리성 측면에서 볼 때 보내는 사람의 성의와 배려가 느껴지는 선물이어야 한다.	• **선택지 B** 상품권은 선정하는 데 시간과 수고가 들지 않는다. 하지만 현금을 건네는 것이나 다름없으며 또한 상대가 일부러 지정 백화점까지 가야 사용할 수 있다는 점에서 보내는 사람의 성의가 느껴지지 않는다.
• **선택지 B** 10만 원 상당의 상품권	② 보내는 사람의 입장에서는 시간과 수고를 최소한으로 줄일 수 있는 선물이어야 한다.	• **선택지 C** 상대가 자신이 원하는 상품과 시기를 선택할 수 있다는 점에서 보내는 사람의 배려를 느낄 수 있다. 또한 보내는 사람도 상품 선택에 시간과 수고가 들지 않는다.
• **선택지 C** 10만 원 상당의 상품이 소개된 카탈로그에서 상대가 원하는 상품을 선택할 수 있는 상품 자유선택권		따라서 선택지 C가 가장 바람직하다.

해설형의 특징과 사용상의 유의점

해설형 논리 유형의 가장 큰 특징은 객관적 근거인 사실과 주관적 근거인 판단 기준과 판단 내용을 구성상 한눈에 보여준다는 점이다. 프리마 백화점에서 설날 선물을 선택하는 사례에 적용한 해설형과 병렬형 논리 유형을 비교해보자.

[도표 2-10]의 병렬형에서는 구체적인 상품, 상품권, 상품 자유선택권으로 나눈 틀 안에서 각 선택지가 무엇인지, 전달자가 선택지를 어떻게 평가하는지에 대한 판단을 설명하고 있다.

이에 비해 [도표 2-12]의 해설형에서는 우선 설날 선물에 어떤 선택지가 있는지를 사실로서 따로 분류했다. 그러고 나서 각 선택지를 평가하기 위한 판단 기준과 판단 내용의 순서로 판단에 대해 설명했다. 이 경우, 같은 사실에서 설명을 시작해도 판단 기준이 다르면 판단 내용이 달라지고 결론도 달라진다. 전달자가 결론을 이끌어낼 때에는 무엇을 판단 기준으로 하느냐가 상당히 중요하며 해설형에서는 그 판단 기준을 강조한다.

해설형을 사용할 때는 다음 사항에 유의해야 한다.

• 사실에 대한 설명이 올바르고 그 내용이 MECE로 정리돼야 한다. 설명의 기점이 되는 사실을 상대에게 납득시키는 것이 중요하다. [도표 2-12]처럼 프리마 백화점에서 보낼 수 있는 설날 선물을 세 종류로 나눌 때 중복, 누락, 혼재가 없어야 한다.
• 판단 기준이 결론을 이끌어내는 데 적절한 내용이어야 한다. 그

리고 판단 기준이 마치 암묵적인 이해 사항으로 여겨져 결론을 읽는 사람에게 공유되지 않는 경우를 자주 보는데, 판단 기준은 반드시 상대에게 정확히 전달해야 한다. 판단 기준이 여러 개라면 각 기준을 MECE로 정리한다. [도표 2-12]에서는 상대의 입장과 보내는 사람의 입장, 두 가지로 나누었다.

- 판단 내용이 사실, 판단 기준의 설명과 일관되게 이어져야 한다. [도표 2-12]에서는 세 가지 선택지를 사실로서 제시하고 두 가지 판단 기준을 설명했다. 이때 판단 내용은 세 가지 선택지를 두 가지 기준으로 평가하고 있다.

효과적인 적용 사례

해설형은 전달자가 자신의 생각과 결론을 강조하고자 할 때 사용하면 효과적이다.

- 객관적 사실로 공통인식을 만들고 자신의 사고 흐름을 제시해 상대에게 자신이 내린 결론의 타당성을 강조하고 싶을 때
- 자신의 사고방식에 대해 상대의 의견과 조언을 듣고 싶을 때
- 여러 방안 중에서 선택한 방안의 타당성을 증명하고 싶을 때

MECE는 여러 정보를 단순히 나열하는 게 아니라 중복과 누락이 없이, 구체적으로 그룹을 나누는 것을 뜻한다. 그리고 MECE로 그룹을 나눈 각각의 정보를 묶어서 요점을 정확하게 추출하는 것이 So What?/Why So?이다.

질문의 답변을 MECE와 So What?/Why So?의 사고방식에 따라 결론과 근거를 명쾌하게 제시하는 형태가 논리 유형이다. 논리 유형에는 크게 병렬형과 해설형이 있다.

에세이나 소설문을 쓸 때 기승전결이라는 구성법이 매우 편리하듯, 비즈니스 문서를 작성할 때는 논리적인 설명 형태를 갖추면 구성의 효율과 효과를 높일 수 있다. 무엇보다 MECE, So What?/Why So?의 논리 유형을 이해하자. 그리고 가능하면 로지컬 씽킹 사고방식을 개인뿐 아니라 팀과 부서에서 공유하는 것이 좋다. 구성원이 문서를 작성하거나 이야기를 할 때 MECE와 So What?/Why So?를 의식하게 되면 조직의 커뮤니케이션, 나아가서는 업무의 효율이 올라간다.

로지컬 씽킹 접근법을 이해했다면 제3장에서는 논리 유형을 실제로 구성해보자.

So What?/Why So? 사고법을 훈련하라

글을 쓸 때는 전달할 내용이 무엇인지를 생각해야 한다. 이 So What?/Why So?는 아주 당연한 사고법 같지만 막상 해보면 의외로 어렵다. 가장 필요한 상황에서 So What?/Why So? 사고법을 적용하려고 해도 쉽지가 않다. 그러므로 평소에 '전달할 내용이 한마디로 무엇인가?'라고 생각하는 습관을 들이는 것이 중요하다.

당장 누구나 할 수 있는 So What?/Why So? 훈련법이 있다. '아래와 같이', '다음과 같이'라는 말을 쓰지 않는 것이다.

영업 대책을 설명하는 프레젠테이션 자료에 대책에 관한 세부적인 일정표가 있다고 하자. 그 일정표를 설명하는데 '스케줄은 아래와 같다'라고 쓰여 있지는 않은가. 또한 보고 메모에 '당 지점의 판매력 강화를 위한 과제는 다음과 같다'라고 되어 있고 그 아래에 과제의 내용을 일고여덟 가지 항목으로 열거하고 있지는 않는가. 이런 식이라면 중요한 핵심을 정확히 명시하지 않고 '아래의', '다음의'로 두루뭉술하게 설명해서 '결국 어떤 일정인가', '요컨대 무엇이 과제인가?'를 명확히 파악할 수 없다. '아래의', '다음의'라는 표현을 쓰지 말고 요점을 명확한 문장으로 표현해야 한다.

언급한 사례들은 이렇게 바꿀 수 있다. '4개월을 3기로 나눠 제 1기에는 새로운 영업 방법을 설계하고, 2기에는 시범 운영 지점에서 새로운 방법을 시행하며, 3기에는 전국적으로 시행을 도모한다.' '당 지점의 판매력 강화를 위해 해결할 과제는 영업 능력이 탁월한 인재가 있는데도 그 능력이 개인적 차원에 머물러 조직 내에서 공유되지 않는 문제다.'

평소에 '아래와 같이', '다음과 같이'라는 표현을 사용하지 않도록 꾸준히 훈련하자. 그렇게만 해도 요점을 표현하는 So What?/Why So? 사고법이 분명히 향상될 것이다. 반드시 시도해보길 바란다.

본론의 구성 2
- 로지컬 씽킹의 실천

제2장에서는 질문에 대한 답변을 알기 쉽게 논리적으로 구성하기 위한 도구로서 MECE, So What?/Why So? 그리고 이 두 가지를 응용한 논리 유형을 소개했다. 이들도 도구이기에 무턱대고 사용해서는 효율적으로 활용할 수 없으며 기본 순서대로 사용법을 제대로 익힐 필요가 있다.

이번 장에서는 로지컬 씽킹의 도구를 사용해 문서의 본론을 실제로 구성하는 순서를 살펴보자. 논리 유형은 어디서부터 어떻게 구성해야할까? 이때 MECE와 So What?/Why So?의 사고방식을 어떻게 활용할까? 일단 구성한 논리 유형을 확인할 때 중점을 둘 사항은 무엇인가? 보고서 작성의 사례와 함께 살펴보자.

1. 논리 유형의 구성 방법을 이해한다

"논리 유형은 결론부터 아래쪽으로 구성해나가야 합니까? 아니면 아래쪽에서 결론으로 구성해나가야 합니까?" 필자는 비즈니스 현장에서 이런 질문을 자주 받는다.

논리 유형의 구성 방법에는 두 가지가 있다. 이것이 질문에 대한 답이다. 사례를 살펴보기 전에 논리 유형을 구성하는 순서를 알아보자. [도표 3-1]의 논리 유형은 병렬형이지만 해설형도 같은 순서를 밟는다.

'결론에서 근거로' 전개하는 구성

전달자가 자신이 잘 아는 질문에 대한 답변을 설명할 때는 이미 결론이 확실하고 근거 요소도 거의 파악한 경우가 많다. 고객이 빈번하게 설명을 요구하는 자사 제품에 대한 질문이라든지, 사내 직원들의 업무 관련 질문에는 '결론은 이것'이라고 정해진 답을 제시하기 마련이다.

이럴 때는 [도표 3-1]의 왼쪽 그림처럼 결론에서 근거로, 논리 유형의 위에서 아래 순서로 구성하면 된다. 이미 결정된 결론의 근거로 A, B, C 세 가지 요소를 제시하고 MECE로 정리된 것인지 확인한다. 더나아가 요소 A의 근거로 a-1과 a-2 두 가지를 제시한 다음, 이것 또한 MECE에 맞는지 확인한다. 이렇게 결론을 기점으로 논리 유형을 구성할 수 있다.

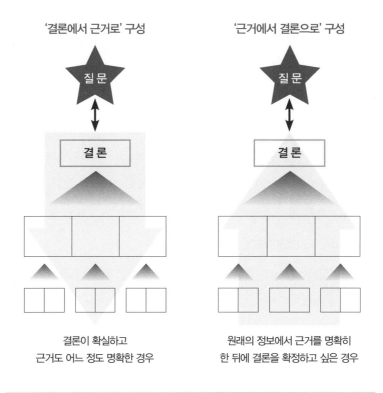

'결론에서 근거로' 구성   '근거에서 결론으로' 구성

결론이 확실하고   원래의 정보에서 근거를 명확히
근거도 어느 정도 명확한 경우   한 뒤에 결론을 확정하고 싶은 경우

'근거에서 결론으로' 전개하는 구성

정보를 모아서 검토는 했지만 결론이나 근거가 무엇인지 파악하기 어
려운 경우도 있다. 그렇다면 답변을 구성하기가 곤혹스럽다.

이럴 때는 획득한 정보와 검토 결과에 So What?, 즉 '결론적으로 어
떻다는 뜻인가?'라고 자문자답한다. 그런 다음 논리 유형의 하위 요소

에서 상위 요소로 결론을 확정지어나간다. [도표 3-1]의 오른쪽 그림이 해당 과정을 잘 보여준다.

이처럼 무엇을 어떻게 정리하면 좋을지 고민될 때는 '근거에서 결론으로' 구성하면 된다. 이 과정을 [도표 3-2]로 더욱 자세하게 살펴보자.

1단계. 질문을 확인하고 논리 유형을 선택한다

몇 가지 질문에 답해야 하는지 확인한다. 그러고 나서 병렬형과 해설형 중 어느 방법을 사용해 질문의 답변을 구성할지 정한다.

2단계. 위에서 아래로 MECE에 맞게 틀을 만든다

답변할 질문과 원래의 정보 전체를 파악해 논리의 틀을 '위에서 아래로' 구성해나간다. 질문에 대한 답변 전체의 틀을 생각하는 것이다.

우선 결론 아래의 두 번째 단을 논리 유형의 법칙에 따라 나눈다. 병렬형이라면 MECE로, 해설형이라면 사실, 판단 기준, 판단 내용이 되도록 한다. 해설형은 사실, 판단 기준, 판단 내용을 갖춰야 MECE가 성립됐다고 본다.

두 번째 단의 요소에 대해 상대가 더 관심을 갖고 Why So?라는 의문을 제기할 것 같으면, 세 번째 단의 근거도 역시 MECE로 묶는다.

3단계. 아래에서 위로 So What?/Why So?한다

2단계에서 작성한 틀의 아래부터 위를 향해 So What?이라고 자문하면서 어떻게 구체적으로 설명할지 결정해나간다. 논리 유형의 아래쪽 요

1단계 질문을 확인하고 논리 유형을 선택한다.

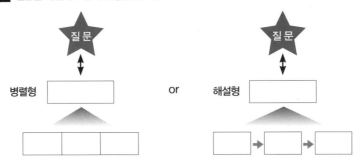

2단계 위에서 아래로 MECE에 맞게 틀을 만든다.

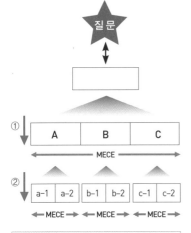

3단계 아래에서 위로 So What?/Why So? 한다.

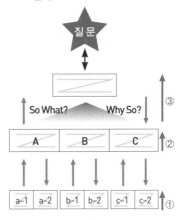

① 두 번째 단의 틀을 MECE로 세 개 정도 설정하고 제목을 붙인다(예: A, B, C).
② A, B, C 각각을 다시 한번 MECE에 맞게 세 개 정도로 나누고 세 번째 단의 틀을 설정해 제목을 붙인다(예: a-1, a-2, b-1, b-2, c-1, c-2).

※ 해설형도 똑같이 진행한다.

① 원래 정보에서 세 번째 단의 틀 안에 있는 설명을 So What?하고 Why So?로 검증한다.
② 두 번째 단의 틀 안 내용을 세 번째 단의 설명에서 So What?하고 Why So?로 검증한다.
③ 결론은 두 번째 단의 설명에서 So What?/ Why So?로 검증한다.

소일수록 원래 정보에 가깝다. [도표 3-2]라면 세 번째 단, 두 번째 단, 결론의 순서로 So What?하면 설명 내용을 확인하기 쉽다.

2단계에서 우선은 설명의 틀을 MECE로 설정하는 것이 중요하다. 이렇게 하지 않고 단순히 아래서부터 설명 내용을 쌓아가면 답변 전체가 질문과 어긋나거나 근거에 중복과 누락이 생기기 쉽다. 그러면 제시한 논리가 설득력을 잃게 되므로 주의해야 한다.

이 책에서는 설명의 요점을 추출하는 것을 'So What?한다', 그리고 요점이 올바르게 추출됐는지 확인하는 것을 'Why So?한다'고 표현했다.

2. 논리 유형을 구성한다

[도표 3-2]에서 설명한 '근거에서 결론으로' 전개하는 논리 유형 접근법을 연습해보자. 베타사의 사례를 들어 글의 순서별 구성 사례와 해설, 포인트를 정리했다. 연습 사례로는 바람직한 사례는 물론, 필자가 에디팅과 논리 구성 트레이닝을 하면서 자주 접했던 적절하지 못한 사례도 함께 소개했다. 여러분도 종이와 펜을 준비해서 함께 연습하면서 읽어보자.

베타사의 사례: 설정

당신이 근무하는 Y사는 현재 신규 사업으로 인재 파견업을 검토 중이며 당신은 이 프로젝트를 검토하는 담당자다. 프로젝트에서는 검토의 일환으로 우수한 경쟁사의 사례 연구를 진행하고 있다. 그중 베타사라는 기술자 파견업체가 고급 기술자를 파견해 고객 기업들에게 높은 평가를 받으며 최근 몇 년간 두드러진 활약을 하고 있다는 사실을 알아냈다. 그리고 당신은 프로젝트 리더에게 이런 지시를 받았다.

"베타사가 파견 기술자의 능력을 향상시키기 위해 어떤 체제를 갖추고 있는지 조사해서 팀 전체에 보고해주게. 다음 프로젝트 회의에서는 보고 내용을 바탕으로 우리 회사에서 배울 점을 논의하겠네." 그래서 당신은 기술자 파견 업계에 정통한 전문가로부터 베타사 이야기를 듣게 됐다(도표 3-3).

사실 현실에서는 단독 정보만을 바탕으로 보고서를 작성하지 않지만 여기서는 논리 유형의 구성 연습에 초점을 두고 있으니 이 청취 결과만으로 보고서를 작성해보자. 일단 청취 내용은 정확할 뿐 아니라 누락된 정보도 없다고 전제하겠다.

이제 논리 유형의 구성에 대해 알아보자.

1단계. 질문을 확인하고 논리 유형을 선택한다

본론을 논리적으로 구성하기 위한 첫걸음은 글의 주제를 질문으로 바꾸고 병렬형과 해설형 중 적절한 논리 유형을 선택하는 일이다. 제1장에서 언급한 구성의 준비를 마쳤다면 질문은 이미 명쾌하게 나와 있을 것이다. 만일 빠뜨린 내용이 있다면 다시 정확하게 질문을 확인하자.

기술자 파견 업체인 베타사는 4분기 연속 매출과 이익이 증가해 첨단기술 기업 사이에서 크게 주목받는 존재가 됐다. 기존의 파견 업계에서는 파견 인재를 육성하는 데 소홀한 면이 있었다. 하지만 이제 각 메이커에서는 개발 속도를 올리기 위해 전문성 높은 업무에 인재를 파견하는 수요가 늘어났다. 또한 기술자 파견업계에서는 인재들의 능력을 어떻게 향상시킬지에 대한 문제의식이 높아졌다. 베타사의 두드러진 실적의 배경에는 주목할 만한 인재 능력 향상 대책이 있다.

우선 중요한 특징은 평가와 보상 체계다. 베타사 급여는 고정급과 성과급이 각각 50퍼센트씩으로 이루어져 있다. 성과급은 각 기술자가 회사에 얼마나 이익을 가져다주었는지를 판단해 그 이익금에 따라 액수가 결정되며, 연 2회에 걸쳐 평가를 실시한다. 고정급은 능력을 평가한 결과에 따라 달라진다. 지식, 기능, 행동 양식의 관점에서 10단계의 능력 순위가 결정되는데 능력 평가는 매년 실시되고 이 순위가 올라가면 고정급도 올라간다. 전문 분야의 자격을 취득하면 가산점이 부가돼 순위 상승으로 이어진다. 이처럼 성과와 능력이 눈에 보이는 급여의 형태로 개인에게 돌아오는 체제를 일관적으로 운영함으로써 개개인의 의욕을 이끌어내고 있다. 기술자가 평가에서 상위 순위에 오르면 대기업 엔지니어만큼 높은 연봉을 받기도 한다.

또한 파견업에서는 보통 인재 간의 교류가 별로 없는 것이 일반적이었으나 베타사는 멘토 제도를 도입하고 있다. 멘토 제도는 일이나 경력에 관련한 온갖 고민을 직접 업무상 관계가 없는, 이를테면 다른 부서의 선배가 자신의 경험을 바탕으로 후배를 상담하고 조언해주는 제도다. 베타사에서는 입사 후 일정 기간 내에 자신이 롤모델로 삼는 이상적인 선배 기술자를 선택해서 멘토링을 받을 수 있다. 상담과 조언 과정에서 후배는 빨리 선배처럼 되고 싶다는 자극을 받는다. 또한 조언하는 선배도 젊은 후배에게 모범이 될 만한 기술과 리더십을 한층 강화하고자 열의를 갖는다. 그 결과 양쪽 모두 뛰어난 기술자로 성장하고 싶다는 의욕이 커진다. 이처럼 멘토 제도는 기술 향상에 대한 동기 부여에 중요한 역할을 한다.

동기 부여뿐만 아니라 실제로 기술을 향상시키기 위한 최첨단 기기를 갖춘 대형 트레이닝 센터를 보유하고 있으며 이외에도 다양한 시도를 하고 있다. 이를테면 베타사에는 현재 약 1,500명의 기술자가 있는데 전원의 기술 수준과 특기 분야를 데이터베이스로 관리하고 있다. 고객 기업에게 파견 의뢰를 받으면 고객이 원하는 조건을 바탕으로 데이터베이스에서 고급 기술자를 선발한다. 그리고 그 기술자를 중심으로 기술 수준이 다른 사람을 조합해서 팀을 편성해 기술자를 파견한다. 기술자들은 팀으로서 일정한 성과를 내야 한다. 팀 파견 제도를 통해 높은 기술을 지닌 인재로부터 기능을 습득할 수 있다. 기술 이전이 진행되므로 조직으로서는 효율적인 OJTOn-the-Job Training 시행 구조가 이루어지는 것이다.

앞서 트레이닝 센터를 언급했는데, 하드웨어라 할 수 있는 이 유형적 요소만으로는 인재를 육성할 수 없다. 베타사는 소프트웨어라 할 수 있는 무형적 요소, 즉 기술이 훌륭하다. 트레이닝 센터에는 고도의 기술과 노하우를 지닌 경험이 풍부한 기술자들이 트레이너로 상주한다. 대개는 고급 기술자가 많아도 그 기술과 노하우가 개인에게만 축적되기 마련이어서 조직 차원에서 공유되지 못한다. 그런데 베타사에서는 트레이너가 자신들의 높은 기술력과 노하우를 체계화해 연수 프로그램을 개발, 제공한다. 이 프로그램은 기술자들이 필요에 따라 자유롭게 수강할 수 있어 실용적인 시스템으로 높이 평가를 받는다. 기술자들에게는 더없이 좋은 환경이다. 이 회사의 인사부장은 항상 "장래에 전문가로서 독립하겠다고 할 정도로 포부가 큰 인재를 채용하고 있다."고 말한다. 실제로 채용할 때도 "노력해서 전문가 수준의 기술력을 습득하면 회사가 업무와 자금 양면으로 독립을 지원하겠다."라고 밝혔다. 독특하다. 처음부터 독립을 지향하는 의욕 충만한 사람을 구하고 의욕을 최대한 끌어올리려고 한다.

실제로 전문가로서 독립 가능한 기술 수준이라고 인정되면, 독립 자금을 지원하고 이미 독립한 베타사 출신 기술자를 네트워킹해 업무를 위탁한다. 또한 독립했다가 다시 베타사로 돌아오고 싶어 할 경우, 복직의 기회도 열어놓았다. 인사부장은 "복직을 희망하는 사람은 시야도 넓힌 데다 이 업계에서 살아남기가 얼마나 녹록치 않다는 것을 체험했기에 회사 입장에서는 귀중한 재산이다."라고 말한다. 참으로

도량이 크다. 독립 후까지도 내다보면서 기술자를 장기간에 걸쳐 지켜보고 지원한다. 이런 제도가 기술자에게 주는 심리적인 효과는 무척 클 뿐만 아니라 전문가가 될 만한 높은 수준의 실력을 쌓는 데 강한 동기를 부여하고 있다.

출처: 〈사파리에서 살아가는 강인한 기술자들〉 《닛케이 비즈니스》 2001년 8월 20일호, 《비즈니스 케이스 일본에임사》, 《히토쓰바시 비즈니스리뷰》 2004년 겨울호를 참고로 필자 작성

베타사 사례에서 답변할 질문은 '베타사는 파견 기술자의 능력 향상을 위해 어떤 체제를 갖추고 있는가?'이다.

 그러면 질문을 하나 하겠다. 이 사례에서 구성의 논리 유형은 병렬형과 해설형 중 어느 쪽이 적합할까?

해설 '아직 정보가 머릿속에 들어와 있지 않아서 병렬형을 사용해야 할지 해설형을 사용해야 할지 모르겠다'라고 생각했는가, 아니면 "병렬형!" 하고 즉시 대답할 수 있었는가?

병렬형이 바람직한 이유는 '베타사는 파견 기술자의 능력 향상을 위해 어떤 체제를 갖추고 있는가?'라는 질문이 상황에 대한 설명을 요구하고 있기 때문이다. 사실, 판단 기준, 판단 내용을 통해 작성자의 판단을 전달하는 해설형은 부적절하다. 질문을 명확하게 인식하고 논리 유형을 선택해야 한다. 만약 질문이 '어떤 대책이 필요한가?'라면 병렬형과 해설형 어느 쪽으로도 논리를 구성할 수 있다. 제2장에서 언급했듯 무엇을 강조하고 싶은지에 따라 선택하면 된다.

2단계. 위에서 아래로 MECE에 맞게 틀을 만든다

논리 유형의 틀을 위에서 아래로 만들어나간다.

① 두 번째 단의 틀을 만든다

결론의 바로 아래인 두 번째 단에 들어갈 설명을
어떻게, 몇 가지 MECE로 나누면 좋을까. 어렵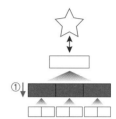
게 생각하지 말고 청취 결과를 읽은 뒤 1단계에
서 확인한 질문에 답변하는 데 중요한 사항을 적어본다. 질문을 의식하
면서 읽으면 답변의 핵심인 '결론의 근거'도 어렴풋이 떠오를 것이다.

그러면 이제부터 구성에 대한 본론을 살펴보자.

생각해 보자! 지금 머릿속에 떠오른 결론의 근거를 염두에 두고 MECE라는
도구를 꺼내자. 그리고 작성한 내용을 가능한 MECE에 맞게 그룹으로
나누고 각 그룹에 제목을 붙인다.

해설 청취 내용을 읽어보면 '베타사에서는 기술자의 능력 향상을 위해
대형 트레이닝 센터도 갖추고 있으며 기술자의 의욕을 높이는 데 상당
한 노력을 쏟고 있는' 듯하다. 이 내용은 아직 정리되지는 않았지만 결
론의 밑바탕이다.

MECE에는 제2장에서 소개했듯이 요소 분해, 단계 분류, 대조 개념
의 세 가지 유형이 있다. 그중 대조 개념의 하나로, 능력을 의욕과 기술

의 양면으로 인식하는 사고방식이 있었다. 앞에서 결론의 밑바탕이라고 밝힌 내용을 찬찬히 살펴보면 청취한 내용을 의욕과 기술을 사용해 묶을 수 있다. 베타사의 시스템을 의욕 향상을 위한 대책과 기술 향상을 위한 대책으로 나눈다(도표 3-4).

포인트 MECE로 나누었다면 반드시 제목을 붙이자. 제목이야말로 로지컬 라이팅 접근법에서 읽는 사람에게 구성을 알리는 중요한 역할을 한다. 제목에 대해서는 제5장에서 자세히 서술하겠다.

제목을 정할 때는 MECE로 나눈 기준을 드러낸다. 여기서는 의욕과 기술이 기준이므로 이 대비를 보여줄 수 있도록 [도표 3-4]에서는 '의욕 향상 대책'과 '기술 향상 대책'으로 제목을 붙였다.

② 세 번째 단의 틀을 만든다

의욕 향상 대책, 기술 향상 대책과 함께 베타사에서는 다양한 시책을 실시하고 있다. 설명의 핵심을 확실히 하기 위해서는 의욕 향상 대책, 기술

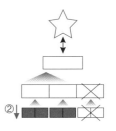

향상 대책에 해당하는 각각의 내용을 MECE로 그룹핑해 구성하는 것이 좋다.

생각해 보자! 두 번째 단과 같은 요령으로 의욕 향상 대책과 기술 향상 대책을 MECE로 나누고 세 번째 단의 틀을 만들면 어떻게 될까.

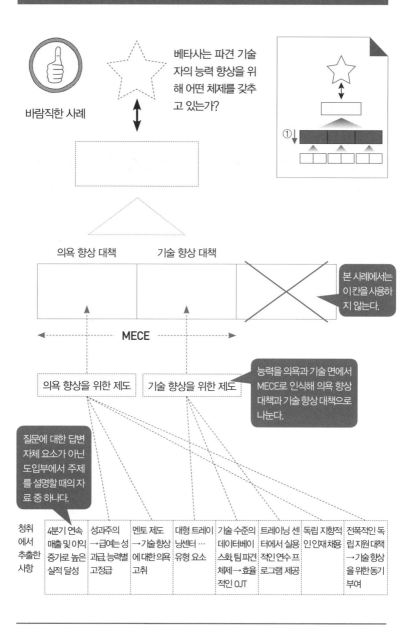

바람직한 사례

베타사는 파견 기술자의 능력 향상을 위해 어떤 체제를 갖추고 있는가?

의욕 향상 대책   기술 향상 대책

본 사례에서는 이 칸을 사용하지 않는다.

MECE

의욕 향상을 위한 제도   기술 향상을 위한 제도

능력을 의욕과 기술 면에서 MECE로 인식해 의욕 향상 대책과 기술 향상 대책으로 나눈다.

질문에 대한 답변 자체 요소가 아닌 도입부에서 주제를 설명할 때의 자료 중 하나다.

청취에서 추출한 사항

| 4분기 연속 매출 및 이익 증가로 높은 실적 달성 | 성과주의 →급여는 성과급, 능력별 고정급 | 멘토 제도 →기술 향상에 대한 의욕 고취 | 대형 트레이닝센터 … 유형 요소 | 기술 수준의 데이터베이스화, 팀 파견 체제→효율적인 OJT | 트레이닝 센터에서 실용적인 연수 프로그램 제공 | 독립 지향적인 인재채용 | 전폭적인 독립지원 대책 →기술 향상을 위한 동기 부여 |

해설

잘못된 사례

바람직한 사례를 해설하기 전에 잘못된 사례를 [도표 3-5]로 알아보자.

당신도 혹시 이런 함정에 빠져 있지는 않는가.

우선 '의욕 향상 대책'을 살펴보자. 베타사가 채택한 여러 제도에 착

[도표 3-5] 2단계. 위에서 아래로 MECE에 맞게 틀을 만든다 – ② 세 번째 단의 틀 구성

 잘못된 사례

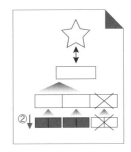

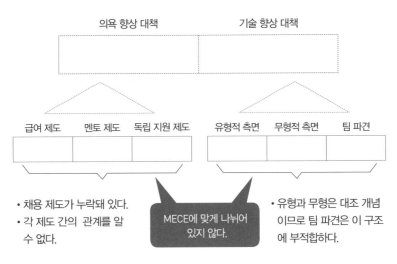

안해 급여 제도, 멘토 제도, 독립 지원 제도로 나누어 설명하고 있다. 분명히 제도별로 제시돼 있기는 하지만 이 분류는 원래의 정보를 정확히 MECE한 것일까.

기술자 파견업계 전문가에게 입수한 내용 중 베타사가 독립 지향적인 인재를 채용하고 있다는 중요한 사항이 누락됐으며, 여러 제도가 서로 어떤 관계인지 드러나지 않았다. 전문가가 들려준 이야기를 순서대로 그저 나열해놓았을 뿐이어서 이대로라면 상대는 문서를 읽고 나서 '뭔가 세 가지 제도에 대한 이야기가 써 있었지' 하는 정도로 생각할 것이다.

'기술 향상 대책'은 어떤가. '유형적 측면'에는 트레이닝 센터의 정비가, '무형적 측면'에는 트레이닝 센터에서 제공되는 연수 프로그램이 해당된다. 여기에 '팀 파견' 제도를 추가해 전체의 설명 내용을 세 가지로 나누었다.

확실히 유형 요소와 무형 요소는 MECE한 개념이다. 아마도 이렇게 분류한 사람이 많겠지만 여기에 팀 파견을 추가하면 MECE 관계가 성립되지 않는다. 팀 파견이 무형적 측면에 속하는 요소라 중복이 발생한다.

그렇다면 팀 파견 제도를 무형적 측면에 포함시키고 유형적 측면과 무형적 측면으로 분류하면 완전무결한 MECE가 되는 걸까. 안타깝게도 팀 파견 제도와 연수 프로그램을 무형적 측면에서 하나로 묶기에는 무리가 있다. 내용이 다르고 분량도 많아 이들을 다시 더 나눠야 한다. 또한 유형적 측면에서는 트레이닝 센터를 갖추고 있다는 사실 정도밖에 설명할 내용이 없다. 트레이닝 센터를 보유하고 있다는 점이 유형적 측면으로 꼽아 설명할 정도로 중요한가. 결과적으로 무형적, 유형적 측면이라는 대비는 확실히 MECE한 개념이지만 청취 내용을 설명하기에는 적절하지 않다.

바람직한 사례

청취 내용을 다시 한번 떠올려보자. 의욕 향상 대책에는 중요한 사항이 네 가지가 있다. 성과가 환원되는 급여 제도, 멘토 제도에 따른 자립적인 인재 육성, 독립 지향적인 직원 채용, 독립 지원 제도다. 이를 MECE로 살펴보면 단계 분류 사고법을 응용해 채용부터 독립 지원까지의 인재 관리 단계로 묶을 수 있다.

단계마다 의욕 향상을 위한 빈틈없는 시책을 펼치고 있다는 점이 베타사의 특징이다. 따라서 [도표 3-6]처럼 의욕 향상 대책은 채용, 육성, 평가 · 보상, 독립 지원 등 4단계로 나눈다. 각 시책을 나열한 잘못된 사례에 비해 각 시책의 상호 관계를 파악하기 쉽다.

그리고 기술 향상 대책에는 두 가지 중요한 제도가 있다, 첫째, 팀 파견 제도로 초급 기술자가 고급 기술자의 기술을 배울 수 있다. 둘째, 트레이닝 센터에서는 숙련된 기술자의 노하우를 체계화한 연수 프로그램을 제공하고 있다. 전자는 업무 내의 훈련, 즉 OJTOn-the-Job Training며, 후자는 업무 외의 OFF-JTOff-the-Job Training다. 기술 향상 대책을 업무 내외라는 대조 개념을 활용해 구성하면 논점이 확실해진다.

이처럼 의욕 향상 대책 아래는 채용 단계, 육성 단계, 평가 · 보상 단

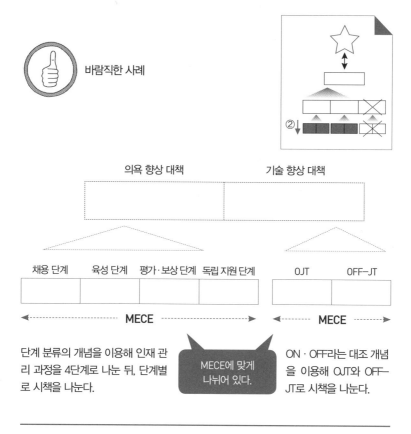

바람직한 사례

의욕 향상 대책				기술 향상 대책	
채용 단계	육성 단계	평가·보상 단계	독립 지원 단계	OJT	OFF-JT

◀----------- MECE -----------▶   ◀----------- MECE -----------▶

단계 분류의 개념을 이용해 인재 관리 과정을 4단계로 나눈 뒤, 단계별로 시책을 나눈다.

MECE에 맞게 나뉘어 있다.

ON · OFF라는 대조 개념을 이용해 OJT와 OFF-JT로 시책을 나눈다.

계, 독립 지원 단계로, 그리고 기술 향상 대책 아래는 OJT와 OFF-JT로 나눌 수 있다. 그런 다음 MECE한 기준이 드러나는 제목을 붙이면 논리 유형의 틀이 갖춰진다.

포인트 무엇보다 문서를 읽는 사람이 이해하기 쉬운 구성으로 작성하는 것이 중요하다. 장대한 논리 유형을 만드는 것은 아무 의미가 없다. 가로, 세로 단계 모두 간단한 구성이면 충분하다는 점을 명심하자.

논리 유형의 세로 단계의 개수는 읽는 사람의 Why So?라는 의문에 과부족 없이 답변할 수 있고 논지를 이해하기 쉽도록 정하면 된다. 읽는 사람이 이해하기 쉬워야 한다는 점에서 [도표 3-6]처럼 세 단계 정도로 구성하는 것이 적절하다.

이미 상대와 답변을 공유하고 있어서 문서로 확인만 하면 되는 경우는 두 단계까지 만들어 설명해도 충분하다. 만약 읽는 사람의 Why So?에 답할 필요가 있다면 네 단계 이상으로 만들어도 좋다. 다만 네 단계까지 있으면 결론과 가장 아래의 근거 사이에 거리가 너무 벌어져 설명 전체가 복잡해진다는 사실을 잊지 말자.

논리 유형의 단계 수에 대해서는 106페이지의 '3. 논리 유형을 자가 진단한다'와 제5장 '구성의 시각화'에서 다뤘으니 참고하길 바란다.

한편 가로 방향인 MECE로 나눌 때는 읽는 사람이 논점을 기억하기 쉽게 세 그룹 전후로 나누는 것이 가장 효과적이다.

3단계. 아래에서 위로 So What?/Why So?한다

논리 유형의 틀을 완성했다면 3단계에서는 So What?/Why So?라고 자문자답하면서 각각의 틀에 있는 설명 내용을 만든다. 이때 원래 정보에 가까운 세 번째 단에서 두 번째 단, 두 번째 단에서 결론으로, 즉 아래에서 위로 진행하는 것이 효율적이다.

앞서 언급했듯, 설명의 요점을 추출하는 것을 'So What?한다', 요점이 올바르게 추출됐는지 확인하는 것을 'Why So?한다'고 표현하겠다.

① 세 번째 단의 설명을 So What?/Why So?한다

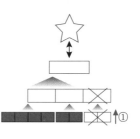

 세 번째 단의 틀에 있는 설명을 So What?해보자. 이때 세 번째 단은 가장 구체적인 수준의 정보로 이루어져야 한다는 사실을 염두에 두자.

채용, 육성, 평가 · 보상, 독립 지원의 각 단계에서 어떤 제도를 실시하는 것이 기술자의 의욕을 향상시키는가. 그리고 어떤 OJT와 OFF-JT를 실시해 기술자의 실력 향상을 도모하고 있는가.

해설

잘못된 사례

잘못된 사례를 [도표 3-7]에서 살펴보자. 의욕 향상 대책을 보면 각 단계 모두 구체적인 설명 없이 키워드만 추출돼 있다. 그런데 독립 지향의 중시란 무엇일까. 멘토 제도란 무엇이며 왜 기술 향상에 동기 부여가 되는가. 성과주의의 급여 제도와 전폭적인 독립 지원 제도는 무엇이며 의욕 향상과 어떻게 연관되는가. 기술 향상 대책에서도 데이터베이스화와 팀 파견은 어떤 관계가 있으며 팀 파견 제도는 기술 향상에 어떻게 도움이 되는가. 또한 왜 실용적 연수인가.

누구든 도표를 보면 이런 의문이 연달아 떠오르고 '이건 어떤 의미

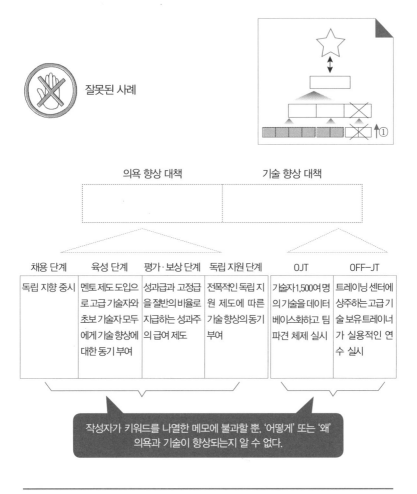

잘못된 사례

의욕 향상 대책				기술 향상 대책	
채용 단계	육성 단계	평가·보상 단계	독립 지원 단계	OJT	OFF-JT
독립 지향 중시	멘토 제도 도입으로 고급 기술자와 초보 기술자 모두에게 기술 향상에 대한 동기 부여	성과급과 고정급을 절반의 비율로 지급하는 성과주의 급여 제도	전폭적인 독립 지원 제도에 따른 기술 향상의 동기 부여	기술자 1,500여 명의 기술을 데이터 베이스화하고 팀 파견 체제 실시	트레이닝 센터에 상주하는 고급 기술 보유 트레이너가 실용적인 연수 실시

작성자가 키워드를 나열한 메모에 불과할 뿐, '어떻게' 또는 '왜' 의욕과 기술이 향상되는지 알 수 없다.

지?'라는 생각이 들 것이다. 키워드의 나열은 작성자의 메모일 뿐이다. 보고서를 통해 청취 내용을 처음 알게 된 제3자로서는 해당 내용이 전혀 이해되지 않을 테니 잘못된 사례라 할 수 있다.

바람직한 사례

[도표 3-8]은 바람직한 정리 방법의 사례다. 구성 단계라 해도 키워드를 나열하는 데 그치지 말고 이 정도로 구체화해야 한다. 읽는 사람이 '이 건 무슨 뜻이지?'라고 의구심을 품지 않고 '그렇군! 이런 구조가 의욕과 기술 향상으로 연결되는구나!'라며 이해할 수 있도록 정리하자. 그 렇지 않고서는 베타사 시스템에 사전 지식이 없는 상대에게 요점을 효 과적으로 전달할 수 없고, 나중에 세 번째 단을 묶어서 두 번째 단을 So What?할 때도 내용이 추상적이거나 단순한 일반론이 되고 만다. 문장 표현은 나중에 수정할 수 있으니 일단은 완벽하지 않아도 상관없다.

포인트 구체적으로 So What?하기 위한 기본은 '누가, 무엇을, 어떻게 하 는가'의 구조로 주어, 목적어, 서술어를 명확하게 제시하는 것이다. 그 러므로 비즈니스 문서를 작성할 때는 체언형 종결법 사용에 특히 주의 해야 한다. 체언형 종결법이란 '독립 지향의 중시' 등과 같이 명사나 명 사화된 단어로 문장을 끝맺는 것이다. 문장을 짧게 정리하는 표현 자체 가 잘못된 것은 아니지만, 비즈니스 문서에서는 주어, 서술어, 목적어 가 불분명하면 상대가 내용을 명확히 이해하기 어려울 수 있다.

So What?할 때는 무조건 짧게 정리하는 것보다 구체성에 중점을 두 고 결과를 끌어내야 한다. 그런 뒤에 불필요한 요소가 있으면 삭제하는 순서로 작성할 것을 권한다. 구체적으로 표현하기 위한 핵심 사항은 제 6장을 반드시 참조하길 바란다.

 바람직한 사례

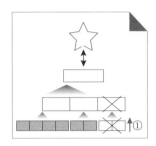

의욕 향상 대책				기술 향상 대책	
채용 단계	육성 단계	평가·보상 단계	독립 지원 단계	OJT	OFF-JT
독립 지향성이 강한 인재를 채용해, 채용 시부터 고도의 기술을 습득하면 회사가 독립을 지원할 것을 공지한다. 이것은 기술자들이 기술 향상을 위해 노력하는 데 동기를 부여한다.	업무상 고민에 대해 선배가 조언해주는 멘토 제도가 있다. 이 제도가 신입사원과 숙련된 기술자 모두의 성장을 도모하고 상호 계발을 이끌어 기술 향상 의욕을 고취시킨다.	급여는 이익 공헌도에 근거한 성과급과 기술 평가에 근거한 고정급을 반반의 비율로 지급한다. 성과를 눈에 보이는 형태로 환원하는 급여 제도가 기술 향상 의욕을 높인다.	전문가 수준이라고 인정하면 업무 위탁과 자금 원조로 독립을 지원하고, 복직의 기회도 열어놓는다. 장기적 독립 지원이 전문가를 목표로 한 고도의기술 획득에 동기를 부여한다.	모든 기술자의 특기 분야와 기술 수준을 축적한 데이터베이스를 활용해 고급 기술자와 초보 기술자를 조합한 팀을 고객사에 파견한다. 초보 기술자는 업무 내에서 기술을 습득할 수 있다.	고급 기술자를 트레이닝 센터의 베테랑 트레이너로 배치하고 그들이 발전시켜온 기술을 연수 프로그램으로 체계화해 제공한다. 기술자는 자유롭게 수강할 수 있는데, 프로그램이 실용적이라는 평가를 받고 있다.

어떤 제도를 실시함으로써 의욕과 기술 향상으로 이어지는지를 구체적으로 알 수 있다. 또한 제3자에게도 설명할 수 있다.

② 두 번째 단의 설명을 So What?/Why So?한다

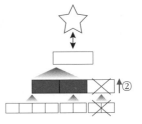

 이번에는 지금 So What?한 세 번째 단을 묶어서 두 번째 단의 설명을 So What? 하자. 읽는 사람이 세 번째 단의 설명 내용을 미처 읽을 시간이 없더라도 두 번째 단의 내용만으로도 의욕 향상 대책과 기술 향상 대책을 파악할 수 있도록 정리하자.

해설 두 번째 단의 So What?에는 문서 작성자가 피해야 할 전형적인 잘못된 유형이 세 가지 있다.

잘못된 유형 1

첫째는 'So What? 포기 유형'이다. [도표 3-9]의 사례를 보면서 '왜 이렇게 하면 안 되는 거지?', '이 정리 방법은 나도 사용하고 있고 사내에서도 많이들 적용하고 있는데'라는 생각이 든다면 주의해야 한다. 이 도표는 중요한 부분의 설명을 '이하와 같이', '다양한'이라는 한마디로 끝내려 하기 때문이다. 결국 상대는 세 번째 단을 읽지 않으면 베타사의 의욕 향상 대책과 기술 향상 대책의 특징을 알 수 없다.

관점을 바꿔보자. 세 번째 단에 타사 시스템이 설명돼 있어도 논리가 성립한다. 이것을 묶어서 So What?한 결론은 더 추상적이라 질문의 답변으로서 의미가 없다. 이처럼 '다양한', '이하의', '다음과 같이' 등의 표현으로 설명이 끝난다면 So What?을 포기하는 것과 다름없다.

잘못된 유형 1:
So What? 포기 유형

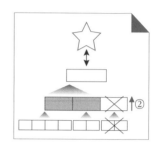

'다양한'이란 어떤 것을 가리
키는지 아래의 설명을 읽지
않으면 전혀 알 수 없다.

'다음과 같이'는 무엇을 가리키
는지 아래의 설명을 읽지 않으
면 전혀 알 수 없다.

의욕 향상 대책	기술 향상 대책
기술자의 의욕 향상을 위해 다양한 제도를 도입하고 있다.	기술자의 기술 향상을 위해 다음과 같이 실시하고 있다.

채용 단계	육성 단계	평가·보상 단계	독립 지원 단계		OJT	OFF-JT
독립 지향성이 강한 인재를 채용해 고도의…	업무상의 고민을 선배가 상담 상대가 되어…	급여는 이익공헌도에 근거한 성과급과…	전문가 수준이라고 인정하면 업무 위탁과…		모든 기술자의 특기 분야와 기술 수준을…	트레이닝 센터에 고급 기술자를…

잘못된 유형 2

두 번째는 [도표 3-10]의 '세 번째 단의 반복 유형'이다. 여러 가지가 장
황하게 써 있지만 두 번째 단이 세 번째 단의 설명을 반복하고 있을 뿐
이어서 의욕 향상 대책과 기술 향상 대책의 전체적인 특징이 명확하게
드러나지 않는다. 읽는 사람이라면 이 내용을 다시 So What?하고 싶어

잘못된 유형 2:
세 번째 단의 반복 유형

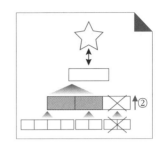

의욕 향상 대책	기술 향상 대책
독립을 지향하는 사람을 채용하고, 독립 지원을 공지하며, 멘토 제도를 도입해서 기술자의 성장에 동기를 부여한다. 이익 공헌과 능력 향상이 반영되는 성과주의 급여 체제, 고도의 기술을 습득한 기술자의 독립을 지원하는 체제도 정비돼 있다.	기술자의 정보를 데이터베이스화하고 고급 기술자와 초급 기술자를 조합한 팀을 고객사에 파견한다. 이로써 초급 기술자는 OJT로 기술을 배운다. 또한 트레이닝 센터에서는 고급 기술 트레이너가 그 기술을 체계화한 실용적인 연수 프로그램을 제공한다.

아래의 설명을 반복하고 있어 요점을 파악할 수 없다.

채용 단계	육성 단계	평가·보상 단계	독립 지원 단계	OJT	OFF-JT
독립 지향성이 강한 인재를 채용해 고도의…	업무상의 고민을 선배가 상담 상대가 되어…	급여는 이익공헌도에 근거한 성과급과…	전문가 수준이라고 인정하면 업무 위탁과…	모든 기술자의 특기 분야와 기술 수준을…	트레이닝 센터에 고급 기술자를…

질 만큼 이 유형 역시 설명의 핵심이 명확히 전달되지 않는다.

잘못된 유형 3

세 번째 잘못된 정리 방법은 [도표 3-11]의 '상하 단계의 연결 오류 유형'이다. 의욕 향상 대책은 '성과를 환원하는 평가·보상 제도와 독립

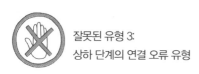

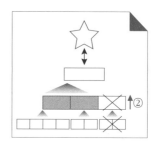

잘못된 유형 3:
상하 단계의 연결 오류 유형

OJT, OFF-JT의 기준과 일
치하지 않는다.

	의욕 향상 대책	기술 향상 대책
	성과를 환원하는 평가 · 보상 제도와 독립 지원 제도 실시가 기술자의 의욕 향상으로 이어진다.	유형 요소와 무형 요소 양면에서 기술자의 기술 향상을 촉진하는 여러 시책을 시행하고 있다.

채용과 육성 단계
에 대해 아무 설명
도 없다.

채용 단계	육성 단계	평가·보상 단계	독립 지원 단계		OJT	OFF-JT
독립 지향성이 강한 인재를 채용해 고도의…	업무상의 고민을 선배가 상담 상대가 되어…	급여는 이익 공헌도에 근거한 성과급과…	전문가 수준이라고 인정하면 업무 위탁과…		모든 기술자의 특기 분야와 기술 수준을…	트레이닝 센터에 고급 기술자를…

지원 제도를 실시해 기술자의 의욕 향상으로 이어진다'이다. 앞서 So
What?한 세 번째 단의 설명에는 채용과 인재 육성와 관련한 내용도 있
었는데 이 도표에서는 빠졌다. 이들 항목은 중요하지 않은 걸까.

또한 기술 향상 대책에는 '유형 요소와 무형 요소 양면에서…'라고

바람직한 사례

네 가지 단계와, OJT, OFF-JT 라는 세 번째 단의 기준을 넣어 상하의 연결을 표시한다.

OJT와 OFF-JT의 특징을 문서화하고 공통점을 추출한다.

단계별로 시책의 특징을 문서화하고 공통성을 추출한다.

의욕 향상 대책

독립을 지향하는 인재 채용부터 상호 계발에 따른 인재 육성, 성과를 환원하는 급여 제도, 전폭적인 독립 지원까지 인재 관리의 각 단계에서 기술자의 자주성을 일깨워 기술 향상 의욕을 높인다.

기술 향상 대책

팀 파견제와 고급 기술자의 기술을 체계화한 연수가 OJT와 OFF-JT 양 측면에서 실시돼, 기술자 개개인이 고급 기술자의 기술을 배울 기회를 제공하고 있다.

채용 단계	육성 단계	평가·보상 단계	독립 지원 단계
독립 지향성이 강한 인재를 채용해 고도의…	업무상의 고민을 선배가 상담 상대가 되어…	급여는 이익 공헌도에 근거한 성과급과…	전문가 수준이라고 인정하면 업무 위탁과…

OJT	OFF-JT
모든 기술자의 특기 분야와 기술 수준을…	트레이닝 센터에 고급 기술자를…

돼 있는데 세 번째 단은 OJT와 OFF-JT로 나뉘어 있다. 이처럼 위와 아래의 설명이 맞지 않으면 문서를 읽는 사람은 무엇이 중요한지 혼란스럽기만 할 것이다.

바람직한 사례

모범 사례를 [도표 3-12]로 살펴보자. 의욕 향상 대책에 대해서는 채용, 육성, 평가·보상, 독립 지원의 각 인재 관리 단계마다 대책을 강구하고 있으며, 모든 시책이 직원들의 자주성을 일깨우고 있는 점이 특징이다. 각 단계별 시책의 특징을 근거로 이 공통점을 정리했다.

그리고 기술 향상 대책으로는 초급 기술을 지닌 기술자가 고급 기술을 지닌 기술자에게 배울 수 있는 팀 파견 제도와 베테랑 트레이너의 노하우를 체계화한 연수가 있다. 이들 OJT와 OFF-JT는 모두 조직 내에서 기술자들이 고급 기술을 배울 수 있는 기회다. 이 공통점이 두 번째 단의 설명에서 중요한 요소가 된다.

두 번째 단의 설명이 마련되면 So What?/Why So?로 자문자답해보고 세 번째 단이 그 답변이 되는지의 여부를 충분히 검증하자.

포인트 두 번째 단의 설명만으로도 의욕 향상 대책과 기술 향상 대책을 전체적으로 파악할 수 있도록 So What?하려면 세 가지 요소에 주의해야 한다.

첫째, 세 번째 단부터 중요한 요점을 정확히 이끌어낸 뒤 그것을 '하기와 같은', '다양한' 등의 표현으로 얼버무리지 말고 문서화한다. 둘째, 세 번째 단에 기준을 제시해 상하 단계의 연관성을 드러낸다. 셋째, 이끌어낸 여러 중요한 사항에 공통점이 있으면 그것을 설명한다.

③ 결론의 설명을 So What?/Why So?한다

드디어 구성의 최종 단계에 이르렀다. 두 번째
단까지 정확하게 So What?했다면 그것을 착
실하게 묶어서 결론을 So What?하면 된다.

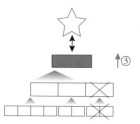

**생각해
보자!** 두 번째 단의 설명을 묶어서 결론을 So What?해보자. 그때 질
문과 결론의 근거를 염두에 두고, 결론이 질문의 답변이 되도록 하자.

해설

잘못된 사례

결론의 So What?에 대해 문서 작성자가 피해야 할 잘못된 정리법은 두
번째 단의 So What?에서 제시했듯 세 가지가 있다. 그것은 So What? 포
기, 두 번째 단의 반복, 상하 단계의 연결 오류 유형이다.

[도표 3-13]을 살펴보자. So What? 포기 유형은 '고유의 제도가 있다'
의 '고유'를 명확히 표현해야 요점이 또렷해질 것이다.

두 번째 단의 반복 유형에서는 요점을 더욱 명확하게 짚어내야 한다.

상하 단계의 연결 오류 유형은 '채용부터 일관된 체제로 운영하고 있
다'는 것이 정말로 결론이라면 두 번째 단의 기준을 의욕 향상 대책, 기
술 향상 대책으로 나눠서는 상하의 의미가 잘 연결되지 않는다. 이 경
우에는 두 번째 단이 채용 단계를 기점으로 분류돼야 더욱 명확하게 의
미가 전달된다.

잘못된 사례

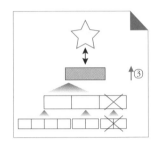

So What? 포기 유형

베타사는 기술자의 의욕과 기술을 향상시키기 위해 고유의
제도를 만들었다.

어떻게 고유한지 알 수 없는
추상적인 설명에 불과하다.

두 번째 단의 반복 유형

베타사는 독립을 지향하는 인재 채용, 상호 계발에 따른 육성,
성과를 환원하는 급여, 전폭적인 독립 지원을 통해 기술자에
게 의욕을 불어넣고 있다. 또한 팀 파견 제도와 고급 기술자
의 기술을 체계화한 연수로 기술자의 기술 향상을 도모한다.

두 번째 단의 설명을 반복할
뿐, 요점을 파악할 수 없다.

상하 단계의 연결 오류 유형

베타사는 기술자의 능력 향상에 투자를 아끼지 않고 채용부
터 일관된 체제로 운영하고 있다.

의욕 향상 대책과 기술 향상
대책으로 크게 나눈 두 번째
단의 설명과 맞지 않는다.

바람직한 사례

[도표 3-14]를 살펴보자. 베타사의 특징으로 무엇보다 손꼽아야 할 것은
의욕 향상 대책과 기술 향상 대책이라는 두 가지 측면이 있다는 점이다.

의욕 향상 대책으로는 인재를 채용해서 육성하고, 평가 · 보상을 하
며, 독립을 지원하는 인재 관리 프로세스 전반이 직원들의 의욕을 이끌

바람직한 사례

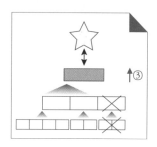

질문

베타사는 파견 기술자의 능력 향상을 위해 어떤 제도를 갖추고 있는가?

베타사는 의욕과 기술 양면에서 기술자의 능력 향상에 주력하고 있다. 의욕 면에서는 채용부터 독립 지원에 이르는 인재 관리의 각 단계에서 빈틈없이 각 개인의 의욕을 끌어올리고 있다. 기술 면에서는 고급 기술자의 기술을 OJT와 OFF-JT 양쪽 방향에서 기술자 전체로 이전시키고 있다.

• 질문에 대한 답변으로 적합하다.
• 결론만 읽어도 베타사의 제도를 전체적으로 파악할 수 있을 만큼 구체적이다.

의욕 향상 대책

독립을 지향하는 인재 채용부터 상호 계발에 따른 육성, 성과를 환원하는 급여 제도, 전폭적인 독립 지원까지, 인재 관리의 각 단계에서 기술자의 자주성을 일깨워 기술 향상 의욕을 높인다.

기술 향상 대책

팀 파견제와 고급 기술자의 기술을 체계화한 연수가 OJT와 OFF-JT 양 측면에서 실시돼 기술자 개개인이 고급 기술자의 기술을 배울 기회를 제공하고 있다.

어내는 구조라는 점을 들었다. 그리고 기술 향상 대책으로는 고급 기술자의 기술을 다른 기술자에게 이전시키는 OJT와 OFF-JT를 조직 차원에서 진행하는 체제를 꼽았다. 이것들을 정리한 자료가 [도표 3-14]다.

포인트 [도표 3-12]로 알 수 있듯 두 번째 단의 설명을 So What?/Why So?할 때의 핵심은 세 가지다. 아래 설명의 요점을 문서로 명확히 하는 것, 그 요점에서 공통점을 이끌어내는 것, 아래 설명의 기준을 적어 넣고 상하의 연관성을 보여주는 것이다. 이외에도 두 가지 사항에 주의를 기울여야 한다.

하나는 '베타사에서는 파견 기술자의 능력 향상을 위해 어떤 체제를 갖추고 있는가?'라는 질문에 답변이 되도록 So What?하는 것이다. 다른 하나는 상대가 결론만 읽어도 '그렇군! 베타사는 능력 향상을 위해 이런 제도를 운용하는구나!'라고 베타사의 전반적인 특징을 파악하도록 구체적으로 요점을 제시하는 것이다.

바람직한 사례인 [도표 3-14]의 결론을 정점에 두고 1단계에서 3단계까지의 결론을 통합한 완성판 논리 유형이 바로 [도표 3-15]다.

지금까지 살펴보았듯 논리적으로 비즈니스 문서를 구성하려면 세로 방향으로 So What?/Why So?, 가로 방향으로는 MECE의 관계를 만들어야 한다. 이때 사용하는 사고법은 MECE와 So What?/Why So? 두 가지뿐이다. 참으로 간단하니 철저하게 익혀 활용하자. 운동의 기초 트레이닝처럼 꾸준히 훈련을 거듭하면 누구나 분명 빠르고 정확하게 문서를 작성할 수 있을 것이다.

바람직한 사례

질문

베타사는 파견 기술자의 능력 향상을 위해 어떤 제도를 갖추고 있는가?

결론

베타사는 의욕과 기술 양면에서 기술자의 능력 향상에 주력하고 있다. 의욕 면에서는 채용부터 독립 지원에 이르는 인재 관리의 각 단계에서 빈틈없이 각 개인의 의욕을 끌어올리고, 기술 면에서는 고급 기술자의 기술을 OJT와 OFF-JT 양쪽 방향에서 기술자 전체로 이전시키고 있다.

↑ So What?　　　　　　　　　　　　　　　　Why So? ↓

의욕 향상 대책　　　　　　　　　　　　　　기술 향상 대책

독립을 지향하는 인재 채용부터 상호 계발에 따른 육성, 성과를 환원하는 급여 제도, 전폭적인 독립 지원까지 인재 관리의 각 단계에서 기술자의 자주성을 일깨워 기술 향상 의욕을 높인다.	팀 파견제와 고급 기술자의 기술을 체계화한 연수가 OJT와 OFF-JT 양 측면에서 실시돼, 기술자 개개인이 고급 기술자의 기술을 배울 기회를 제공하고 있다.

◀------------------------- MECE -------------------------▶

↑ So What?　　　　　　Why So? ↓　↑ So What?　　　Why So? ↓

채용 단계　육성 단계　평가·보상 단계　독립 지원 단계　OJT　OFF-JT

채용 단계	육성 단계	평가·보상 단계	독립 지원 단계	OJT	OFF-JT
독립 지향성이 강한 인재를 채용해, 채용 시부터 고도의 기술을 습득하면 회사가 독립을 지원할 것을 공지한다. 이것은 기술자들이 기술 향상을 위해 노력하는 데 동기를 부여한다.	업무상 고민에 대해 선배가 조언해주는 멘토 제도가 있다. 이 제도가 신입사원과 숙련된 기술자 모두의 성장을 도모하고 상호 계발을 이끌어 기술 향상 의욕을 고취시킨다.	급여는 이익 공헌도에 따른 성과급과 기술 평가에 따른 고정급을 반반의 비율로 지급한다. 성과를 눈에 보이는 형태로 환원하는 급여 제도가 기술 향상 의욕을 높인다.	전문가 수준이라고 인정하면 업무 위탁과 자금 원조로 독립을 지원하고, 복직의 기회도 열어놓는다. 장기적 독립 지원이 전문가를 목표로 한 고도의 기술 획득에 동기를 부여한다.	모든 기술자의 특기 분야와 기술 수준을 축적한 데이터베이스를 활용해 고급 기술자와 초보 기술자를 조합한 팀을 편성해 고객사에 파견한다. 따라서 초보 기술자는 업무 내에서 기술을 습득할 수 있다.	고급 기술자를 트레이닝 센터의 베테랑 트레이너로 배치하고 그들이 발전시켜온 기술을 연수 프로그램으로 체계화해 제공한다. 기술자는 자유롭게 수강할 수 있는데, 프로그램이 실용적이라는 평가를 받고 있다.

◀------------- MECE -------------▶　◀------- MECE -------▶

로지컬 씽킹 훈련과
근력 트레이닝은 통한다

"머릿속에 땀이 나더군요!" 이 말은 로지컬 씽킹 연수에 참가해서 MECE, So What?/Why So?, 논리 유형과 하루 종일 씨름한 어느 직장인이 남긴 소감이다. 필자는 그 말을 듣고 기막히게 적절한 표현이라고 감탄했다.

평소 운동 부족이었던 생활을 반성하고 헬스클럽에 다니기 시작했을 때 필자는 로지컬 씽킹이 근력 트레이닝과 비슷하다는 생각을 했다. 당시 트레이닝 코치가 이렇게 말했다.

"근력을 키우려면 '드디어 해냈다'고 할 만큼 몸에 부담을 주는 것이 중요합니다. 편한 트레이닝을 아무리 한들 근력은 붙지 않거든요. 땀을 흘릴 정도로 하겠다고 마음먹고 꾸준히 실천해야 합니다."

로지컬 씽킹도 마찬가지다. '그렇군! 이런 방법이었군' 하고 머리로 이해하기만 한다면 애써 손에 넣은 보물을 쓰지 않은 채 그대로 썩히는 셈이다. 연수에 참가했던 직장인처럼 '이 내용을 MECE로 나눈다면… So What?하면…' 하고 머릿속으로 땀을 흘리며 생각을 거듭해야 능숙해진다.

로지컬 씽킹 능력을 향상시키는 일도, 근력을 키우는 일도 단기간에 이루어지지 않는다. 성과를 내려면 꾸준하고 착실하게 땀을 흘리는 수밖에 없다. 꾸준히 힘쓰면 눈에 띄게 근육이 붙듯 로지컬 씽킹도 습관처럼 익숙해지기 시작한다. 논리적 사고력을 습득하는 데 특수한 재능은 필요 없다. 다른 사람들에게 간단한 문자를 보내거나 음성 메시지를 남길 때 '이거 MECE 관계로 돼 있나?', 'So What?하면 어떻게 되지?'라고 생각하며 머릿속으로 땀을 흘려보자.

3. 논리 유형을 자가 진단한다

본론을 논리 유형으로 구성했다면 읽는 사람이 정말로 이해하기 쉬운지, 그리고 구성 요소를 어디서부터 어떤 순서로 전달할지 점검해보자. 자가 진단의 핵심은 [도표 3-16]에서 보듯 세 가지다.

- **확인 ①** 읽는 사람의 Why So?에 과부족 없이 답변하고 있는가?
- **확인 ②** 요지가 명확한가?
- **확인 ③** 결론을 먼저 전달할까, 근거를 먼저 전달할까?

확인 1. 읽는 사람의 Why So?에 과부족 없이 답변하고 있는가?

설명할 내용을 구성할 때 종종 '이 정도면 충분하겠지'라며 가볍게 지나쳐 나중에 설명이 부족하거나, 반대로 지나칠 정도로 세세한 부분까지 언급하는 바람에 장황해지기도 한다. 구성한 논리 유형이 과부족 없이 읽는 사람의 Why So?에 답변하고 있는지 확인하자.

논리 유형을 막 배우고 난 사람들은 단계를 너무 많이 만드는 경향이 있다. [도표 3-17]은 앞에서 언급한 베타사 사례를 네 번째 단까지 구성한 것이다. 언뜻 치밀하고 꽤 훌륭한 구성으로 보이지만 잘 살펴보면 So What?을 파악하기 어렵다. 세 번째 단의 설명은 제목을 반복했을 뿐이고, 두 번째 단은 Why So?라는 질문의 답변으로서 구체적이지 않으며, 네 번째 단은 너무 세세하게 나누어져 So What?을 파악하기 어렵다.

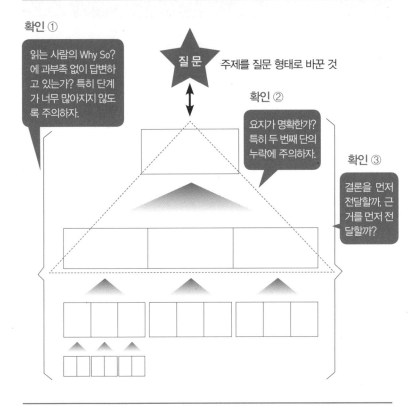

그리고 네 번째 단까지 만든 탓에 가로와 세로 틀이 복잡해져 요점이 불분명하고 설명이 장황하다. 앞에서 소개한 [도표 3-15] 완성형 논리 유형처럼 세 번째 단까지 구성하면 설명이 간결하고 명확하다. 구성한 논리 유형이 항상 Why So?에 과부족 없이 답할 수 있는지, 전체 구성이 간단명료한지 확인하자. 다시 강조하지만 논리 유형은 간결할수록 좋다.

[도표 3-17] 확인 1. 읽는 사람의 Why So?에 과부족 없이 답변하고 있는가?
　　　　　　　　　– 베타사 사례

 단계가 너무 많은 잘못된 사례

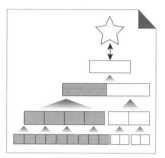

2단계

의욕 향상 대책

독립을 지향하는 인재 채용부터 상호 계발에 따른 육성, 성과를 환원하는 급여 제도, 전폭적인 독립 지원까지 인재 관리의 각 단계에서 기술자의 자주성을 일깨워 기술 향상 의욕을 높인다.

3단계

채용 단계	육성 단계	평가·보상 단계	독립 지원 단계
채용 시부터 사원들에게 동기를 부여한다.	선배가 상담 상대가 되어 업무상의 고민에 조언해주는 멘토 제도가 있다.	성과가 환원되는 급여 체제를 갖추고 있다.	전폭적인 독립 지원 정책하에서 독립을 목표로 기술을 향상시킬 수 있다.

> Why So?라고 물었을 때 설명으로서 구체적이지 못하다.

4단계

독립 지향성이 강한 인재를 채용한다.	고급 기술을 획득한 뒤 독립이 가능하다고 공지해 의욕을 끌어올린다.	후배 사원은 선배에게 다가가고자 한다.	선배 기술자는 후배에게 모범이 되고자 한다.	절반은 이익 공헌으로 결정되는 성과급제를 실시한다.	나머지 절반은 능력 평가에 근거한 고정급제를 실시한다.	독립을 위한 자금을 지원한다.	독립 후에는 업무를 위탁한다.	독립 후의 복지도 인정한다.

> 너무 세분화된 탓에 So What?을 파악할 수 없다.

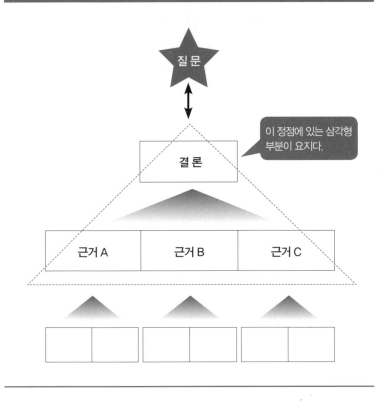

확인 2. 요지가 명확한가?

결론은 무엇이며 그 결론을 직접 뒷받침하는 근거는 몇 가지고 무엇인
가. 이처럼 본론 전체의 핵심 요점을 응축한 것이 '요지'다. 논리 유형
으로 본론을 구성했을 때 결론과 그 아래 두 번째 단의 요소를 더한 것
이 바로 요지가 된다. [도표 3-18]에서는 논리 유형의 정점에 있는 삼
각형 부분이 요지다. [도표 3-15] 베타사의 보고 내용에서 요지는 결론

과 두 번째 단의 의욕 향상 대책, 기술 향상 대책, 이 세 가지 요소다.

논리 유형을 구성할 때는 이 정점의 삼각형 부분에 해당하는 요지를 확인하자. 결론은 무엇인가? 결론에 Why So?하고 질문을 받았을 때의 직접적 근거는 몇 가지며 그 내용은 무엇인가?

비즈니스 문서를 살펴보면 요지가 결여된 자료가 많다. 요즘은 결론이 중요하다는 인식이 널리 퍼져 결론이 정확히 명시되지 않은 보고서는 줄어들긴 했지만 대신 결론이 있어도 그 결론을 뒷받침하는 논리 유형인 두 번째 단이 제시되지 않은 경우가 많다. 이해하기 어려운 구성의 대표 주자가 바로 이 '두 번째 단의 누락'이다.

[도표 3-19]는 베타사의 사례에서 두 번째 단이 누락된 구조의 사례를 보여주고 있다. 두 번째 단에는 제목만 있을 뿐 세 번째 단을 묶어 So What?한 설명이 없다.

결론을 직접 뒷받침하는 근거가 세 번째 단의 요소로 돼 있어 세로축 흐름에 내용의 비약이 있다. 또한 세 번째 단에서 단번에 결론을 So What?하는 것도 쉽지 않아 '다양한 궁리를 하고 있다'는 식으로 So What? 포기 형태의 결론이 되기 쉽다.

보고서를 쓰는 사람은 결론과 세 번째 단의 설명에 집중하는 경향이 있다. 하지만 읽은 사람은 결론이 무엇이며 그에는 어떤 근거가 몇 가지 있는지를 알고 싶어 한다. 요지를 이해할 수 있으면 읽는 사람은 세 번째 단의 세세한 정보를 읽는 수고를 덜 수 있다. 두 번째 단의 설명이 So What? Why So?을 충족하고 있는지 확인해야 한다.

논리 유형의 구성 요소 전체를 문장 형태로 서술해나가는 방법은 제

두 번째 단이 누락된 잘못된 사례

결론

베타사는 기술자의 의욕을 고취시키는 동시에 실질적으로 기술 향상을 위한 다양한 노력을 하고 있다.

두 번째 단이 누락되면 결론은 So What? 포기 유형이 되기 쉽다.

2단계

의욕 향상 대책　　　　기술 향상 대책

두 번째 단에 설명이 누락됐다.

3단계

채용 단계	육성 단계	평가·보상 단계	독립 지원 단계	OJT	OFF-JT
독립 지향성이 강한 인재를 채용해, 채용 시부터 고도의 기술을 습득하면 회사가 독립을 지원할 것을 공지한다. 이것은 기술자들이 기술 향상을 위해 노력하는 데 동기를 부여한다.	업무상 고민에 대해 선배가 조언해주는 멘토 제도가 있다. 이 제도가 신입사원과 숙련된 기술자 모두의 성장을 도모하고 상호 계발을 이끌어 기술 향상 의욕을 고취시킨다.	급여는 이익 공헌도에 근거한 성과급과 기술 평가에 근거한 고정급을 반반의 비율로 지급한다. 성과를 눈에 보이는 형태로 환원하는 급여 제도가 기술 향상 의욕을 높인다.	전문가 수준이라고 인정하면 업무 위탁과 자금 원조로 독립을 지원하고, 복직의 기회도 열어놓는다. 장기적 독립 지원이 전문가를 목표로 한 고도의 기술 획득에 동기를 부여한다.	모든 기술자의 특기 분야와 기술 수준을 축적한 데이터베이스를 활용해 고급 기술자와 초보 기술자를 조합한 팀을 편성해 고객사에 파견한다. 초보 기술자는 업무 내에서 기술을 습득할 수 있다.	고급 기술자를 트레이닝 센터의 베테랑 트레이너로 배치하고 그들이 발전시켜온 기술을 연수 프로그램으로 체계화해 제공한다. 기술자는 자유롭게 수강할 수 있는데, 프로그램이 실용적이라는 평가를 받고 있다.

5장에서 설명할 것이다. 그 방법을 따르면 논리 유형상의 요지를 수월하게 전달할 수 있다.

확인 3. 결론을 먼저 전달할까, 근거를 먼저 전달할까?

'논리적 구성'과 글을 쓰고 읽을 때의 '설명 순서'는 서로 다른 개념이다. 글을 구성할 때 결론은 정점에 위치하지만, 구성 요소를 쓰거나 말하는 순서상 결론이 반드시 먼저 나와야 하는 것은 아니다. 내용을 논리적으로 전달하는 것이 곧 결론을 먼저 제시하는 것이라고 여기는 것은 매우 단순한 사고며 이런 발상으로는 커뮤니케이션을 효과적으로 할 수 없다. 구성 요소를 쓰거나 말하는 순서에는 두 가지가 있다.

- 논리 유형의 상위 요소에서 하위 요소 방향으로, 결론을 먼저 전달한다.
- 논리 유형의 가장 하위 요소에서 결론을 향해 근거를 먼저 전달한다.

논리 유형을 구성하면 어떤 순서로 쓸지 정해야 한다. 결론부터 전달할지, 근거부터 전달할지를 결정할 때는 다음 관점에서 생각하는 것이 좋다.

- 누가 커뮤니케이션의 주제를 설정했는가?

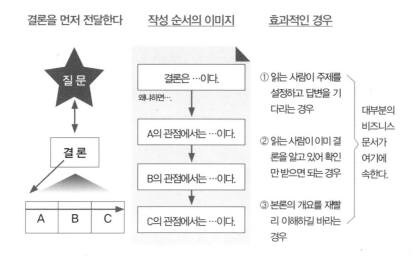

- 읽는 사람은 결론에 대해 어떤 입장인가?
- 읽는 사람에게 본론 전체를 어떻게 이해시키고 싶은가?

결론부터 먼저 전달하는 순서가 효과적인 경우

① 읽는 사람이 주제를 설정하고 답변을 기다리는 경우

어떤 기업의 지점에서 '상품 X의 판매 상황을 보고해달라'는 본사의 지시로 보고서를 쓴다고 하자. 지점의 담당자가 상세한 설명을 명시한 뒤 결론으로 So What?을 제시한다면 본사에서 보고서를 읽는 사람은 답답할 것이다. 지시에 따라 보고하거나 의뢰에 답변할 때처럼 문서를 읽을 사람이 커뮤니케이션 주제를 정한 경우에는 문서에서 결론을 먼저 제시해야 한다.

② 읽는 사람이 이미 결론을 알고 있어 확인만 받으면 되는 경우

문서를 읽을 사람과 커뮤니케이션의 내용을 이미 공유한 상태에서 확인을 위해 작성하는 문서가 있다. 회의 의사록이나 확인 사항의 메모 등이다. 이때도 결론부터 제시해야 커뮤니케이션이 명료하다.

③ 본론의 개요를 재빨리 이해하길 바라는 경우

시스템이나 플랜트 설계 등 해설 자료, 신상품의 복잡한 특성을 소개하는 문서, 프레젠테이션 자료 등은 어떨까. 이런 자료들은 대부분 상세 정보를 써내려간 뒤 마지막으로 '즉, ○○는 A, B, C 세 가지가 요점이다'라는 방식으로 설명이 전개된다. 하지만 문서를 읽는 사람 입장에서는 반대로 가장 먼저 '○○는 A, B, C 세 가지가 요점이다'라는 결론이 나오고 그다음으로 'A는…. B는…. C는…' 하고 구체적 정보가 이어지는 편이 전체 내용을 빠르게 파악할 수 있어 좋다.

비즈니스 문서는 ①과 ③의 경우가 많다. 따라서 글을 구성할 때 결론부터 먼저 써야 바람직하다고 할 수 있다.

근거부터 먼저 전달하는 순서가 효과적인 경우

반대로 [도표 3-21]처럼 논리 구조의 아래부터 위로, 즉 근거부터 쓰는

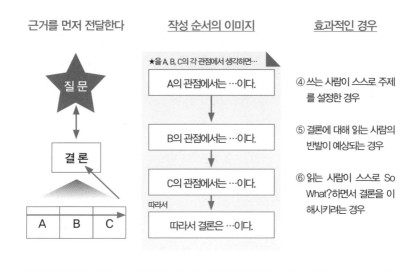

근거를 먼저 전달한다	작성 순서의 이미지	효과적인 경우
질문 ↕ 결론 ↑ A B C	★을 A, B, C의 각 관점에서 생각하면… A의 관점에서는 …이다. ↓ B의 관점에서는 …이다. ↓ C의 관점에서는 …이다. 따라서 ↓ 따라서 결론은 …이다.	④ 쓰는 사람이 스스로 주제를 설정한 경우 ⑤ 결론에 대해 읽는 사람의 반발이 예상되는 경우 ⑥ 읽는 사람이 스스로 So What?하면서 결론을 이해시키려는 경우

순서가 효과적일 때도 있다.

④ 쓰는 사람이 스스로 주제를 설정한 경우

제안서나 의뢰문은 전달자가 스스로 주제를 정한다. 이런 문서를 읽는 사람은 해당 주제에 대해 아무런 생각을 하고 있지 않을 확률이 높다. 그러다가 불쑥 '구체적으로 ○○를 추천합니다'라든가 '△△를 시행하고 싶습니다'라는 결론부터 접하면 거부감을 느끼기 쉽다. 그러므로 문서 작성자는 근거부터 설명한 뒤 찬찬히 결론을 전하는 게 바람직하다.

⑤ **결론에 대해 읽는 사람의 반발이 예상되는 경우**

상대가 상정하고 있는 내용과 전혀 다른 결론이나, 상대의 이해관계에 반하는 결론을 제시해야 할 때가 있다. 의외의 결론을 먼저 제시하면 상대의 흥미를 끌어 본론에 대한 기대감과 관심을 환기시킬 수도 있다. 하지만 실제 비즈니스에서는 상대가 예상치 못한 결론을 갑작스럽게 제시하면 거부감을 불러일으켜 논의가 난관에 부딪히는 일이 많다. 이런 경우에는 근거부터 차근히 설명을 시작하고 그 근거를 So What?한 결론으로 상대를 이끄는 방법이 이상적이다.

⑥ **읽는 사람이 스스로 So What?하면서 결론을 이해시키려는 경우**

당신의 직장에서 원가 절감을 위한 업무 개혁을 하게 됐다고 가정하자. 개혁 추진 부서원인 당신은 직원들을 대상으로 설명회를 기획하고 자료를 작성해야 한다. 부서에서는 원가 절감의 필요성을 직원들에게 충분히 이해시키려고 한다. 이런 상황이라면 갑자기 '이 제도를 실행하겠다'는 결론을 내놓지 말고 근거부터 제시하자. 그리고 설명회에 참석한 직원들이 스스로 정보를 So What?하게 유도해 결론에 이르게 하는 자료를 만드는 방법이 효과적이다.

실제로 비즈니스 커뮤니케이션에서는 ①~⑥의 경우가 중복되는 사례가 많다. 그럴 때는 무엇을 가장 중시하느냐에 따라 결론을 먼저 전달할지, 근거를 먼저 전달할지 결정하면 된다.

앞에서 사례로 제시한 베타사 보고서는 프로젝트 팀 리더의 지시로

근거를 먼저 전달한다

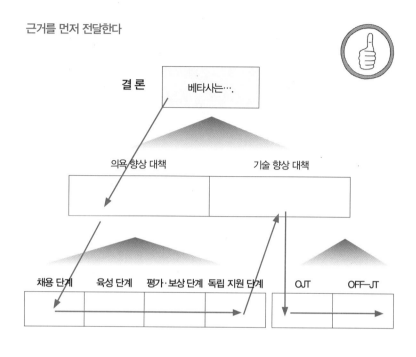

작성됐다. 또한 업계의 성공 사례를 설명한 자료이므로 리더 이외의 프로젝트 구성원이 보고의 결론 자체에 반대 의견을 낼 리가 없다. 이 같은 보고서에서는 [도표 3-22]처럼 톱다운top-down 방식으로 결론을 먼저 제시하자.

답변해야 할 질문이 확실할 것, 이것이 본론을 논리적으로 구성하는 데 가장 중요한 전제 조건이다. 정보 수집과 검토 작업을 거쳤는데도 질문에 대한 결론이 아직 모호하다면 결론과 근거를 어떻게 구성해나갈지 고려해보자.

우선 근거 자료를 MECE로 그룹핑한다. 이때 MECE에 맞는 기준에 따라 그룹마다 제목을 붙이고 설명의 틀을 명확히 하는 것이 중요하다. 다음으로는 근거부터 결론으로 So What?/Why So?해서 내용을 결정해나간다. 여기서는 키워드를 나열하기만 할 게 아니라 구체적으로 문서화하자. 구성 후에는 읽는 사람의 Why So?에 과부족 없이 답변하고 있는지, 요지가 명확한지, 설명의 순서가 적절한지를 반드시 스스로 확인한다.

자동차든 컴퓨터든 새로운 도구를 처음 사용할 때는 어색하기 마련이지만 점차 특성을 파악하고 나름의 사용법을 체득하다 보면 마침내 능숙해진다. 로지컬 씽킹이라는 도구도 마찬가지다. 일상생활에서 반드시 꾸준히 사용해보길 바란다.

로지컬 씽킹과
스피드 커뮤니케이션은 물과 기름일까?

모 회사 영업 부서장에게서 이런 질문을 받았다.

"요즘 같은 시대에는 로지컬 씽킹을 활용해 설득력 있게 설명하는 능력이 영업 활동에 필요합니다. 한편으로 영업 현장에서는 고객이 보이는 미세한 신호를 파악해 고객이 듣고 싶어 하는 것, 알고 싶어 하는 것을 그 자리에서 명쾌히 해결해줘야 하지요. 그런 속도감 넘치는 커뮤니케이션이 필요합니다. 이렇듯 로지컬 씽킹과 스피드 커뮤니케이션은 모두 중요합니다만, 언뜻 상반되는 개념으로 보입니다. 이 두 가지는 실제로 어떤 관계에 있을까요?"

상대가 알고 싶어 하는 내용을 바로 알려주는 속도감 넘치는 커뮤니케이션을 '스피드 커뮤니케이션'이라고 부르기로 하자. '스피드 커뮤니케이션'과 논리나 로지컬 씽킹은 언뜻 물과 기름 같아 보이지만 사실 뿌리 부분이 서로 연결돼 있다.

논리 유형에서는 다양한 요소가 세로축으로 So What?/Why So?, 가로축으로 MECE가 되도록 구성해야 한다. 만약 당신과 상대가 도저히 이야기가 통하지 않을 때는 상대가 원하는 정보와 당신이 제시한 정보 사이에 세로와 가로의 위치 관계가 빗나가 있지는 않은지 점검해보자.

예를 들어, 영업사원이 서비스를 제안하는 상황을 가정해보자. 고객은 그 서비스를 통해 업무의 질을 높이고 싶어 하는데 영업사원은 효율적인 측면만 설명하기도 한다. 혹은 논리 유형상의 결론이나 그것을 직접 뒷받침하는 두 번째 요소밖에 관심이 없는 고객에게 세 번째 단이나 네 번째 단의 세세한 정보를 장황하게 설명하는 등 헛수고를 하기도 한다.

가로축과 세로축의 감각을 기르는 것이 중요하다. 종횡의 법칙으로 정보를 정리할 수 있으면 상대의 질문이나 이야기를 듣고 MECE에 맞춰 바로 설명을 수정할 수 있다. 또한 '지금은 구체적인 이야기가 쓸모없다. 두 번째 단의 더욱 통합된 정보가 필요하다'라든가, '세 번째 단의 구체적인 설명이 필요하다'는 판단을 내리는 게 가능해진다.

로지컬 씽킹과 스피드 커뮤니케이션은 결코 물과 기름이 아니다. 로지컬 씽킹의 습득은 스피드 커뮤니케이션의 달인이 되는 길이다.

부록

다양한 논리 유형에 대한 자가 진단

베타사 사례에서는 '베타사는 파견 기술자의 능력 향상을 위해 어떤 체제를 갖추고 있는가?'라는 하나의 질문에 대한 답변을 하나의 논리 유형으로 구성했다. 이와 달리 주제가 여러 질문으로 전환된다면 답변을 각각의 논리 유형으로 구성해야 한다. 각각의 논리 유형은 제3장에서 소개했으니 참고하도록 하고, 여기서는 여러 논리 유형으로 구성한 본론 전체의 구성을 스스로 확인하는 방법을 살펴보자.

자가 진단에서 확인할 사항은 [도표 3-23]처럼 세 가지다.

- **확인 1** 답변해야 하는 질문에 제대로 답하고 있는가?
- **확인 2** 요지는 명확한가?
- **확인 3** 각 논리 유형 간의 설명에 균형이 잘 잡혀 있는가?

[도표 3-24]는 세 가지 확인 사항으로 완성한 '제품 X의 시장 점유율 향상에 대해'라는 주제의 보고서 본론을 구성한 것이다. 각각을 자세히 살펴보자.

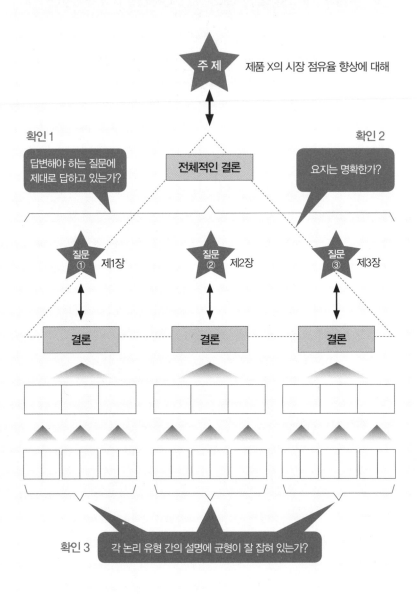

제1장에서 서술했듯이 구성 준비로서 몇 가지의 어떤 질문에 답변해야 할지 확인한다. 준비 단계에서는 질문이 명확해도 구성하는 과정에서 헤매기도 하고, 현실적으로 준비가 불충분하다는 것을 깨닫기도 할 것이다. 모든 질문에 제대로 답변하고 있는지를 우선 확인하자.

최종적으로 어떤 대책 설명을 요구하는 주제라면 '현황은 어떤가?', '과제는 무엇인가?', '대책은 무엇인가?'라는 세 가지의 질문으로 나눌 수 있다. [도표 3–24]의 주제 '제품 X의 시장 점유율 향상에 대해'도 이렇게 나눌 수 있다.

- **질문** ① X의 현황은 어떤가?
- **질문** ② X의 시장 점유율 하락의 원인은 무엇인가?
- **질문** ③ X의 시장 점유율 향상을 위해 무엇을 해야 하는가?

그런데 비즈니스 문서를 살펴보면 필요한 질문이 누락되어 있는 경우가 상당히 많다. 특히 눈에 띄는 것은 '과제는 무엇인가?' 하는 질문의 누락으로, [도표 3–24]에서 보자면 질문 ② 'X의 시장 점유율 하락의 원인은 무엇인가?'가 누락되어 있는 경우가 많다. 'X는 경쟁업체에 대한 경쟁력이 떨어져 시장 점유율이 하락했다'라는 질문 ①의 답변을 해야 하는 상황에서 질문 ③의 답변인 대책에 대한 설명으로 건너뛴 것이다. '고품질 홍보 전략과 판매 대리점에 대한 인센티브 프로그램

[도표 3-24] 자가 진단 후 구성의 이미지 사례

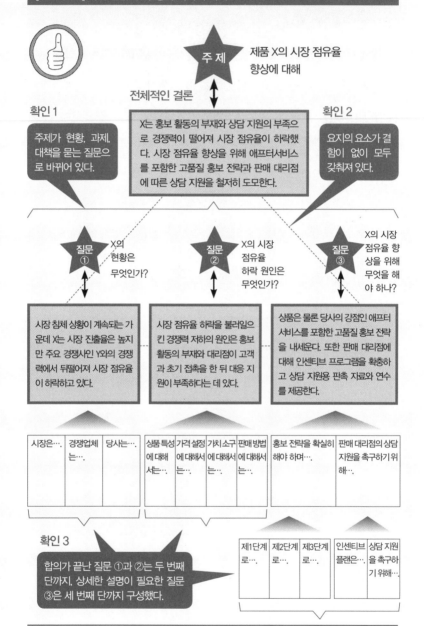

주 제 — 제품 X의 시장 점유율 향상에 대해

전체적인 결론

확인 1
주제가 현황, 과제, 대책을 묻는 질문으로 바뀌어 있다.

X는 홍보 활동의 부재와 상담 지원의 부족으로 경쟁력이 떨어져 시장 점유율이 하락했다. 시장 점유율 향상을 위해 애프터서비스를 포함한 고품질 홍보 전략과 판매 대리점에 따른 상담 지원을 철저히 도모한다.

확인 2
요지의 요소가 결함이 없이 모두 갖춰져 있다.

질문 ① — X의 현황은 무엇인가?

질문 ② — X의 시장 점유율 하락 원인은 무엇인가?

질문 ③ — X의 시장 점유율 향상을 위해 무엇을 해야 하나?

시장 침체 상황이 계속되는 가운데 X는 시장 진출율은 높지만 주요 경쟁사인 Y와의 경쟁력에서 뒤떨어져 시장 점유율이 하락하고 있다.

시장 점유율 하락을 불러일으킨 경쟁력 저하의 원인은 홍보 활동의 부재와 대리점이 고객과 초기 접촉을 한 뒤 대응 지원이 부족하다는 데 있다.

상품은 물론 당사의 강점인 애프터서비스를 포함한 고품질 홍보 전략을 내세운다. 또한 판매 대리점에 대해 인센티브 프로그램을 확충하고 상담 지원용 판촉 자료와 연수를 제공한다.

시장은….	경쟁업체는….	당사는….	상품 특성에 대해서는….	가격 설정에 대해서는….	가치 소구에 대해서는….	판매 방법에 대해서는….	홍보 전략을 확실히 해야 하며….	판매 대리점의 상담 지원을 촉구하기 위해….

확인 3
합의가 끝난 질문 ①과 ②는 두 번째 단계까지, 상세한 설명이 필요한 질문 ③은 세 번째 단계까지 구성했다.

제1단계로….	제2단계로….	제3단계로….	인센티브 플랜은….	상담 지원을 촉구하기 위해….

의 확충, 판촉 자료와 연수가 필요하다'고 설명을 해도 문서를 읽는 사람으로서는 왜 그런 활동을 시행하면 시장 점유율이 높아지는지 이해할 수 없다. 현황과 대책을 연결하려면 해결할 문제를 묻는 질문과 그에 대한 답변이 필요하므로, 작성하는 문서에서 질문이 누락되지 않았는지 확인하도록 한다.

또한 [도표 3-23]처럼 한 가지 질문에 대한 답변을 하나의 '장'으로 묶으면 각 장에서 무엇을 설명하는지가 명확해져 문서를 읽는 사람이 본론 전체의 구성을 쉽게 이해할 수 있다.

확인 2. 요지는 명확한가?

다음으로 요지를 확인해보자. 본론을 여러 논리 유형으로 구성하는 경우, 요지는 [도표 3-23]처럼 각 논리 유형의 결론과 그것을 So What?한 전체적인 결론이 된다. 질문과 장이 일대일로 대응하면 각 장의 결론과 그들을 So What?한 전체 결론이 요지다. [도표 3-24]에서는 굵은 선의 박스로 표시한 네 가지 요소다.

하나의 논리 유형으로 본론을 구성할 때 요지는 [도표 3-18]에서 설명했듯이 결론과 두 번째 단의 요소를 합한 것이다. 특히 각 장마다 결론이 누락돼 요지가 명료하지 않은 경우가 많다는 점에 주의하자. 문서에서는 전체적인 결론이 꼭 필요한데도 장마다 결론이 없거나 전체적인 결론을 직접 뒷받침하는 근거가 각 장의 논리 유형의 두 번째 단 이후에 있는 구성이 많다. 심지어 [도표 3-19]처럼 논리 유형의 두 번째 단도 누락되기 쉽고, 세 번째 단이 전체적인 결론을 직접 뒷받침하는 내용인 경우도 있다. 이래서는 문서를 읽는 사람이 전체적인 결론에 대해 몇 가지의 어떤 근거가 있는지 요지를 파악하기 어렵다.

하지만 보고서나 프레젠테이션 자료 중에는 각 장에 결론이 없어 이해하기 어려운 것들이 많다. 장마다 결론을 내야 한다는 사실을 명심하자.

확인 3. 각 논리 유형 간의 설명에 균형이 잘 잡혀 있는가?

각각의 논리 유형이 균형 있게 서술돼 있는지 확인하자. 제1장 '구성의 준비'를 충분히 실행하고 커뮤니케이션 설정을 확인해 어떤 질문에 설명의 중점을 둘지를 파악하면 큰 도움이 된다.

[도표 3-24] 보고서의 경우, 질문 ①과 질문 ②에 대한 답변이 보고 상대인 상사와 이미 합의된 상황이다. 그렇다면 질문 ③을 설명하는 데 중점을 두도록 한다. 그리고 이것이 구성 준비라고 할 수 있다.

질문 ①과 질문 ②에 대한 답변을 확인하고 나서 질문 ③에 대한 상세한 답변을 준비한다. [도표 3-24]에서 질문 ①과 ②의 논리 유형은 두 번째 단까지, 질문 ③은 세 번째 단까지 구성돼 있다. 이처럼 문서를 작성할 때는 자신이 쓸 수 있거나 쓰고 싶은 부분이 아니라, 써야 하는 부분을 자세히 설명하도록 한다.

제4장
도입부의
구성

'서문, 제안드립니다, 보고의 배경, 인사말' 등 문서의 도입부를 지칭하는 표현은 다양하지만 어떤 명칭을 사용하든 비즈니스 문서에서 도입부의 역할은 한결같다. 도입부를 살펴본 사람들이 '이 문서의 주제는 이거군. 그럼 어디 읽어볼까!'라면서 본론까지 읽도록 하는 것이다. 즉, 도입부는 본론을 읽기 위한 길잡이다. 본론에 비해 분량은 무척 적지만 읽는 사람에게서 기대하는 반응을 확실히 이끌어내는 데 꼭 필요하다.

도입부를 작성할 때는 '무엇에 대해, 무엇을 위해, 누가, 누구에게 쓴 것인가'라는 커뮤니케이션의 설정을 설명해야 한다. 구체적으로 어떤 요소를 어떤 관점에서 설명하는 것이 문서를 읽는 사람에게 효과적인 길잡이가 될지 알아보자.

1. 잘못된 사례에서 배운다

필자는 에디팅 서비스를 하면서 글을 쓸 때 도입부를 소홀히 여기는 사람이 상당히 많다는 것을 알게 됐다. '시간이 남으면 쓰지' 하고 가볍게 생각하거나, "도입부를 어떻게 써야 할지 잘 모르겠습니다."라고 이야기하는 사람도 있다. 이런 사람들이 작성한 문서를 읽어보면 대체 무엇을 말하려는 건지 알 수 없어 고개를 갸우뚱거리게 된다.

잘못된 도입부에는 세 가지의 전형적인 유형이 있다. 문서 작성 시 피해야 할 도입부의 사례와 개선 사례를 비교하면서 바람직한 길잡이가 되는 도입부에 대해 알아보자.

매몰 유형

[도표 4-1]은 제조사인 알파사가 자사의 판매 대리점에 발송한 문서다. 인사말이 첫머리의 한 단락을 차지한다. 문제는 인사 다음의 '새삼 말씀드릴 필요도 없이…'로 시작되는 내용이다. 당신이 판매 대리점장이라면 어떻겠는가. '뭐가 새삼스럽다는 걸까? 대체 무슨 말을 하려는 거지?'라며 불안하거나 초조한 마음으로 읽지 않을까.

그러다가 문서를 끝까지 읽고 나서야 비로소 안도할 것이다. '아, 알파사에서 V21 프로젝트라는 걸 시작하는군. 우리 대리점에도 그와 관련해 협력을 부탁하려고 설명회에 출석을 요청하는 거네'라면서 말이다. 도입부에는 용건부터 먼저 적어야 한다. 용건이야말로 도입부에서

판매 대리점에 보내는 의뢰문

O년 O월 O일

판매 대리점장 제위

나날이 더욱 건승하시기를 기원합니다.

항상 당사 제품 판매에 전력을 다해주셔서 진심으로 감사합니다.

새삼 말씀드릴 필요도 없이, 시장에서는 제품은 물론 서비스의 끊임없는 품질 향상의 중요성이 점점 더 커지고 있습니다. 저희 알파사의 사명은 고객에게 고품질 상품을 제공해 고객이 더욱 쾌적한 생활을 할 수 있도록 지원하는 일입니다. 당사에서는 작년 가을부터 개발, 구매, 생산 각 부문의 기능을 연계하고 제품의 품질 향상 프로젝트를 진행해 좋은 성과를 내고 있습니다. 하지만 시장에서는 제품뿐만 아니라 서비스 품질 향상의 중요성이 한층 높아져 경쟁 기업도 적극적으로 서비스 강화에 힘을 쏟고 있습니다. 그래서 시장의 니즈를 얼마나 만족시키느냐가 업체 선정의 잣대가 되고 있습니다. 이런 현황이므로 당사도 활동을 광범위하게 펼쳐 경쟁력을 강화해야 한다고 판단했습니다.

따라서 올해부터 저희 알파 주식회사에서는 제품과 서비스 품질 향상을 목표로 한 'V21 프로젝트'를 실시하게 됐습니다. 이 프로젝트는 사장 직속으로 시행하며 당사의 금년도 주요 경영 과제 가운데 하나인 중요한 과제입니다.

이 프로젝트는 개발부터 구매, 생산, 판매와 애프터서비스에 이르는 각 부서의 구성원으로 이루어진 V21 팀이 중심이 되어, 제품과 서비스라는 양 측면에서 품질 향상 대책을 부서의 경계를 넘어 마련합니다. 그 대책안을 각 부문의 임원으로 구성된 V21 위원회가 평가해 우선순위가 높은 안건부터 실행에 옮길 예정입니다.

V21 프로젝트가 성공을 거두려면 당사의 중요한 비즈니스 파트너로서 고객의 생생한 목소리를 파악하고 있는 각 대리점의 이해와 협력이 필요합니다. 대리점에서

도, 현황의 과제를 파악하고 개선안 책정을 위한 실태 조사와 개선안의 시행을 돕는 등 반드시 V21의 시행에 협력해주시기를 부탁드립니다.

대리점 여러분이 V21 프로젝트를 더욱 확실히 이해할 수 있도록 오는 △월 △일(△) 알파회관에서 □시부터 □까지 'V21 설명회'를 개최해 당 프로젝트의 개요와 대리점 각사에 대한 부탁 말씀을 전하고, V21 프로젝트의 기대 성과에 대해 설명드리고자 합니다.

바쁘실 줄 알지만 귀중한 시간을 내 참석해주시기를 부탁드립니다. 모든 대리점과 당사가 V21 프로젝트를 통해 큰 성과를 올릴 수 있기를 기대해 마지않습니다.

여러분의 이해와 협력을 다시 한번 진심으로 부탁드립니다.

알파 주식회사

영업본부장 미즈노 지로 올림

설명해야 할 '무엇에 대해, 무엇을 위해 이 글을 쓰는가'에 해당한다.

이처럼 도입부의 요소가 내용에 묻혀버린 문서가 헤아릴 수 없이 많다. 작성자가 자신의 사고 프로세스에 따라 작성하다 보면 이런 우를 범하기 쉽다. '이러이러하고 여차여차…. 이런 연유로 ○○에 대해 △△의 의견을 바랍니다'라든가 '…라는 우여곡절이 있어서 ○○하기 때문에 △△에 협력해주시길 부탁드립니다' 하는 식이 된다.

[도표 4-1] 문서의 개선 사례인 [도표 4-2]를 살펴보자. [도표 4-1] 문서에서는 묻혀 있던 'V21 프로젝트에 대해 대리점에 이해와 협력, 그리고 설명회 참석을 요청한다'라는 내용을 첫머리로 끌어올렸다. 첫머리에서 '…참석해주길 바랍니다'까지 약 열한 줄이 도입부며, 그 이후

판매 대리점에 보내는 의뢰문

○년 ○월 ○일

판매 대리점장 제위

V21 프로젝트에 대한 협력 및 설명회 참석 요청

나날이 더욱 건승하시기를 기원합니다.

항상 당사 제품 판매에 전력을 다해주셔서 진심으로 감사드립니다.

아시는 바와 같이 시장에서는 제품과 서비스의 품질 향상에 대한 니즈가 점점 더 높아지고 있습니다. 저희 알파사에서는 시장의 요구에 적극 부응해 고객에게 지속적으로 선택받는 존재가 될 수 있도록 전체 회사 차원에서 'V21 프로젝트'를 시작하게 됐습니다.

판매·애프터서비스의 중요한 기능을 담당하고 계신 대리점 여러분들과 함께 현 상황을 이겨나갈 수 있도록 V21 프로젝트에 협력해주시기를 부탁드립니다.

이와 관련해서 오는 △월 △일(△), 각 대리점을 대상으로 V21 프로젝트 설명회를 개최합니다. 바쁘실 줄 알지만 부디 참석해주시길 바랍니다.

도입부

● 제품과 서비스 품질 향상 대책의 배경

고품질 상품을 제공해 고객이 더욱 쾌적한 생활을 할 수 있도록 지원하는 일은 저희 알파사의 최대 사명입니다. 당사에서는 작년 가을부터 개발, 구매, 생산 각 부문의 기능을 연계하고 제품의 품질 향상 프로젝트를 진행해 꾸준히 성과를 내고 있습니다. 하지만 제품뿐 아니라 서비스 품질 향상의 중요성 또한 한층 높아져 경쟁사들도 적극적으로 서비스 강화에 힘을 쏟고 있습니다. 당사 역시 서비스까지 대상을 넓혀 품질 향상에 적극 대처해야 한다고 판단했습니다.

● V21 프로젝트의 목적과 개요

그래서 당사는 4월부터 내년 3월까지 1년간의 일정으로 제품과 서비스 품질 향상을 목표로 회사 전체의 활동인 'V21 프로젝트'를 개시할 예정입니다. 이는 금년도 주요 경영 과제 가운데 하나로 사장 직속 프로젝트입니다.

이 프로젝트에서는 개발부터 구매, 생산, 판매와 애프터서비스에 이르는 각 부서의 구성원으로 이루어진 V21 팀이 중심이 되어, 제품과 서비스라는 양 측면에서 품질 향상 대책을 마련합니다. 부서의 경계를 넘어 정한 대책안을 각 부문의 임원으로 구성된 V21 위원회가 평가해 우선순위가 높은 안건부터 실행에 옮길 계획입니다.

● 각 대리점의 협력 부탁

V21 프로젝트의 성공에는 당사의 중요한 비즈니스 파트너로서 고객과 직접 접촉하며 고객의 생생한 목소리를 파악하고 있는 각 대리점 여러분의 이해와 협력이 반드시 필요합니다. 특히 현황의 과제를 파악해 개선안 책정을 위한 실태 조사와 개선안의 시행을 돕는 등 V21 프로젝트의 시행에 협력해주시기를 부탁드립니다.

● V21 프로젝트 설명회 참가 요청

대리점 여러분이 V21 프로젝트를 더욱 확실히 이해하실 수 있도록 설명회를 개최합니다.

아무쪼록 귀중한 시간을 내 참석해주십시오.

- 일시: △월 △일(△) □시 ~ □시
- 장소: 알파회관(별지 지도 참고)
- 주제: V21 프로젝트의 목표와 활동의 개요, 대리점 각사에 대한 요청, V21 프로젝트의 기대 성과

V21 프로젝트로 각 대리점과 당사가 함께 큰 성과를 올릴 것을 확신하고 있습니다. 여러분의 협력을 거듭 부탁드립니다.

영업본부장 미즈노 지로 올림

로는 본론을 전개한다. 이처럼 도입부가 글의 길잡이가 되려면 '무엇에 대해, 무엇을 위해 쓰는 글인지'를 첫머리에 드러내는 것이 중요하다.

개선 사례에서는 왜 V21 프로젝트를 시작했는지, 왜 대리점에 참석을 요청하는지도 짧게 설명을 덧붙이고 있다. 게다가 표제를 붙여 주제를 명시하고 기대하는 반응을 시사하고 있다. 비즈니스 문서에서는 개인적인 색채를 드러내는 비즈니스 레터가 아니라면 표제를 붙이는 것이 기본이다.

이런 도입부라면 읽는 상대는 문서를 읽어보고 싶다는 마음이 들 것이다. 참고로 개선 사례인 [도표 4-2]는 도입부에 이어 본론을 네 개 부분로 나누고 제목을 붙여 구성을 시각화했다. 구성의 시각화는 제5장에서 자세히 다루겠다.

표제 반복 유형

[도표 4-3] 문서는 사내 제안서다. 이에 따르면 이 사업부에는 솔루션 어드바이저라는 자격 취득 지원 제도가 있다. 이 문서는 그 제도의 담당자가 부서의 방침을 결정하는 기획회의 구성원들에게 제출하는 제안서다. '검토 요약' 이하의 본론은 꼼꼼하게 검토해 이끌어낸 듯하지만 도입부가 문제다.

도입부에는 '표제의 건에 대한 검토 결과를 아래와 같이 제안합니다'라고 써 있다. '표제의 건'이란 '솔루션 어드바이저 자격 취득 지원 제도 개선'을 가리키는데, 이 말을 생략하지 말고 한 번 더 밝혔어야 한다.

사내 제안서

To: 솔루션 사업기획부
   기획회의 구성원

From: 헤이세이 다로

솔루션 어드바이저 자격 취득 지원 제도의 개선 제안

표제의 건에 대한 검토 결과를 아래와 같이 제안합니다.

검토 요약
솔루션 어드바이저(이하 'SA') 자격 취득 지원은 주요 고객층에서 이 자격을 중시하는 경향이 높아짐에 따라 앞으로도 지속해야 한다. 다만 현행 제도는 지원 비용 대비 효과 면에서 개선할 필요가 있다. 앞으로는 각 부서로부터 적임자를 추천받아 사전 시험 합격자에 한해 자격 취득 비용을 지급한다.

1. SA 자격 취득 지원 제도 상황
- SA는 업무 개혁을 뒷받침하는 IT 솔루션의 제안력 강화를 위해 ABC협회가 4년 전 창설한 자격 제도다. 자격증 취득 조건은 매년 12월 실시되는 사전 시험에 합격하는 것으로, 합격자는 다음 해 봄 3개월간의 연수 과정 수료 후에 자격을 취득할 수 있다.
- 당사의 SA 자격 취득 지원 제도는 전 사원을 대상으로 제도 창설 시에 개시됐다. 희망자 개인이 응모하고 기획부가 면접을 실시해 연간 네 명을 선발, 사전 시험 응시 및 실시 연구 참가비로서 1인당 300만 원을 지급한다.
- 당 제도의 실적은 총 지원자 열두 명이며, 그중 자격 취득자는 여섯 명으로 절반은 사전 시험에 불합격했다. 또한 자격 취득자 가운데 프로젝트 업무에 직접 참여하고 있는 사람은 세 명에 불과하다(첨부 자료1).

2. SA 자격 취득 지원 제도의 타당성 여부

● 당사의 주요 고객인 중소기업에서 특히 안건 담당자의 SA 자격 보유 여부를 발주 조건에 포함하는 경우도 있어 경쟁사들도 자격 취득을 장려하고 있다. 이런 상황에서 당사는 이번 분기에 들어 자격 보유자를 해당 안건에 배치하지 못해 경쟁 입찰에 참가하지 못한 사태도 발생했다.

● 당사는 인재 육성 방침으로 성과 실현에 필요한 유형, 무형의 자산을 확보하는 데 적극 지원한다는 방침을 지키고 있다.

● 인재 육성 방침에 비추어보면, 경쟁에서도 SA 자격이 중요해지고 있어 회사 차원에서 자격 취득을 계속 지원해야 한다. 자격증뿐만 아니라 실시 연수 자체, IT 제안에 필수적인 경영과 업무 운영상의 지식을 체계적으로 습득한다는 점에서도 지원의 성과가 충분하다(첨부 자료2).

3. 제도 개선 방침

● 회사 차원에서의 지원이 SA 자격 취득으로 확실히 연결되도록 사전 시험 합격자에게만 자격 취득 비용을 지급한다.

● 취득한 SA 자격이 업무에서 효과적으로 활용되도록 지원 대상자는 고객 관련 프로젝트를 이끄는 인물로 하고 소속 부서에서 적임자를 추천받는다.

● 지원자 수와 지원 금액은 지원 성과가 두드러지지 않은 현 시점에서는 확대하지 않기로 하고 현행대로 연간 네 명에게 각 300만 원씩 지급하는 조건을 유지한다.

4. 신년도의 SA 자격 취득 지원 제도의 내용(안)

● 응모 자격: 프로젝트의 중심 역할을 하는 3∼5급 사원으로 SA 자격 능력을 자신의 업무에 활용하려는 의욕이 있는 사람.

● 응모 방법: 각 부서장이 부서 내 희망자들 가운데 적임자를 기획부에 추천하는 방식으로 한다. 추천 대상이 여러 명인 경우 우선순위를 매긴다.

● 지원 내용: 원칙적으로 지원자는 매년 각 부서당 한 명, 전체에서 네 명으로 한다. 다만 응모자가 없는 부서가 발생하면 다른 부서에서 두 명 이상 선발할 수도 있다. 지원 대상자에게는 사전 시험 합격 후에 자격증 취득 비용 300만 원을 지급한다. 불합격할 경우 시험 응시 비용은 자기 부담으로 하고 지원하지 않는다.

● 구체적인 응모 일정: O월 O일(O) 각 소속별 모집 요강 전달

이 정도는 너그러이 넘어가더라도, 과연 작성자는 기획회의 구성원들로부터 어떤 반응을 이끌어내고 싶은 것일까. [도표 4-3] 문서만으로는 읽는 사람이 어떻게 해야 하는지 전혀 알 수가 없다.

또한 어떤 사람은 표제와 도입부의 첫 줄을 읽고 '애초에 왜 이 제도를 개선하려고 하는 걸까?' 하고 의문을 품을 수 있다. 작성자는 제도를 개선해야 하는 이유를 명백히 알고 있지만, 읽는 사람은 작성자의 설명을 들어야만 비로소 알 수 있다.

[도표 4-3] 문서는 앞부분이 도입부를 흉내 내고는 있지만 표제의 반복에 지나지 않아 읽는 사람에게 기대하는 반응을 이끌어내기 어렵다. 이렇듯 비즈니스 문서에서 도입부가 제대로 길잡이 역할을 하지 못하는 경우를 많이 볼 수 있다.

이번에는 [도표 4-3]를 개선한 [도표 4-4]를 살펴보자. 도입부 첫머리에 '솔루션 어드바이저 자격 취득 지원 제도는 자격 취득자가 자격 능력을 업무에 활용하지 못한다는 문제점이 있습니다. 따라서 사업부 내에서 제도 개선의 필요성이 제기되고 있습니다'라고 써 있다. 이 설명을 읽으면 누구든 왜 지금 이 제안이 나왔는지 바로 이해할 수 있다.

또한 '다음 주 정기 기획회의에서 본 안건에 대한 의견을 주시기 바랍니다. 여러분의 의견을 바탕으로 당 부서에서 최종안을 작성하고, 다음 달에 열리는 부서 전체 회의에 회부해 승인을 얻고자 합니다'라는 설명은 이 문서를 읽는 사람에게 최종안 작성을 위해 피드백한다는 목적의식을 갖게 한다. 개선 사례는 본론도 보완했다. 1~4 항목의 제목 바로 아래에 몇 가지의 So What?을 서술했기 때문에 [도표 4-3]보다 본

사내 제안서

To: 솔루션 사업기획부
   기획회의 구성원
From: 헤이세이 다로

솔루션 어드바이저 자격 취득 지원 제도의 개선 제안

솔루션 어드바이저(이하 'SA') 자격 취득 지원 제도는 자격 취득자가
자격 능력을 업무에 활용하지 못한다는 문제점이 있습니다. 따라서 사
업부 내에서 제도 개선의 필요성이 제기되고 있습니다. 현황을 확인하
고 당 자격 취득 지원 제도의 타당성 여부를 검토해 현행 제도의 개선
안을 정리했기에 이에 제안합니다.

도
입
부

다음 주 정기 기획회의에서 본 안건에 대한 의견을 주시기 바랍니다.
여러분의 의견을 바탕으로 당 부서에서 최종안을 작성하고, 다음 달에
열리는 부서 전체 회의에 회부해 승인을 얻고자 합니다.

검토 요약
주요 고객층에서 솔루션 어드바이저 자격을 중시하는 경향이 높아짐에 따라 앞
으로도 취득 지원을 지속해야 한다. 다만 현행 제도는 지원 비용 대비 효과 면에
서 개선해야 할 필요가 있다. 앞으로는 각 부서로부터 업무에서 자격 능력을 활용
할 수 있는 적임자를 추천받아 사전 시험 합격자에 한해 취득 비용을 지급한다.

1. SA 자격 취득 지원 제도 상황
현행 제도는 프로젝트 종사자의 이용률과 자격 취득 조건인 사전 시험 합격률
이 저조하다. 비용 대비 효과 면에서 개선의 여지가 크므로 제도를 개선할 필요
가 있다.

- SA는 업무 개혁을 뒷받침하는 IT 솔루션의 제안력 강화를 목표로 ABC협회가 4년 전 창설한 자격 제도다. 자격증 취득 조건은 매년 12월 사전 시험에 합격하는 것으로, 합격자는 다음 해 봄 3개월간의 연수 과정 수료 후 자격을 취득할 수 있다.
- 당사의 SA 자격 취득 지원 제도는 전 사원을 대상으로 자격제로 창설 시 개시됐다. 희망자 개인이 응모하고 기획부가 면접을 실시해 연간 네 명을 선발, 사전 시험 응시 및 실시 연구 참가비로 1인당 300만 원을 지급한다.
- 당 제도의 실적은 총 지원자 열두 명이며, 그중 자격 취득자는 여섯 명으로 절반은 사전 시험에 불합격했다. 또한 자격 취득자 가운데 프로젝트 업무에 직접 활용하고 있는 사람은 세 명에 불과하다(첨부 자료1).

2. SA 자격 취득 지원 제도의 타당성 여부

SA 자격 보유는 경쟁에서 중요한 요소가 된다. 성과를 실현하는 데 필요한 직원의 자산 정비를 회사 차원에서 적극 지원한다는 인재 육성 방침에 따라 당 자격 취득 지원 제도는 앞으로도 지속되어야 한다.

- 자격 현황을 살펴보면 당사의 주요 고객인 중소기업에서 특히 안건 담당자의 SA 자격 보유 여부를 발주 조건에 포함하는 경우도 있어 경쟁사들도 자격 취득을 장려하고 있다. 이런 상황에서 당사는 이번 분기에 들어 자격 보유자를 해당 안건에 배치하지 못해 경쟁 입찰에 참가하지 못한 사태마저 발생했다.
- 당사는 인재 육성 방침으로 성과 실현에 필요한 유무형의 자산 확보를 적극 지원한다는 방침을 지키고 있다.
- 인재 육성 방침에 비추어보면, 경쟁에서도 SA 자격이 중요해지고 있다. 따라서 회사 차원에서 자격 취득을 계속 지원해야 한다. 자격증뿐 아니라 실시 연수 자체, IT 제안에 필수적인 경영과 업무 운영상의 지식을 체계적으로 습득한다는 점에서도 지원의 성과가 충분하다(첨부 자료2).

3. 제도 개선 방침

앞으로는 SA 자격 지원 제도가 자격 취득으로 착실하게 연결되도록 할 것, 그리고 자격 능력을 업무에 효과적으로 활용할 것, 이 두 가지 사항을 주축으로 현행 제도를 개선한다.

- 회사 차원에서의 지원이 SA 자격 취득으로 확실히 연결되도록 자격증 취득 비용은 사전 시험 합격자에게만 지급한다.
- 취득한 SA 자격이 업무에서 효과적으로 활용되도록 지원 대상자는 고객 관련 프로젝트를 이끄는 인물로 하고 소속 부서에서 적임자를 추천받는다.
- 지원자 수와 지원 금액은 지원 성과가 두드러지지 않은 현 시점에서는 확대하지 않기로 하고 현행대로 연간 네 명에게 각 300만 원씩 지급하는 조건을 지속한다.

론의 So What?을 더욱 쉽게 파악할 수 있다.

인사말 일관 유형

[도표 4-5] 문서는 ABC컨퍼런스 서비스사가 고객 기업에 제출하는 제안서다. 첫머리에는 '인사말'이라는 제목이 있다. 언뜻 그럴듯한 도입부처럼 보이지만 이 내용이 제안서를 읽는 고객에게 효과적인 길잡이가 될 수 있을지는 생각해봐야 한다.

고객은 ABC컨퍼런스 서비스사에 중요 안건의 제안을 구하고 있다. 고객은 이 회사가 이번 우수 판매 대리점 시상식의 의의를 정확히 인식하고 기획을 입안했다는 사실을 확인하고 싶을 것이다.

아마 고객은 다른 경쟁사에도 기획 제안을 의뢰했을 것이다. "성심성의를 다해 도와드리겠습니다. 아무쪼록 긍정적인 검토를 부탁드리며…."이라는 말로는 부족하며 더욱 적극적인 홍보가 필요하다.

고객에 대한 제안서

인사말

나날이 번영하시기를 기원합니다.
이번 2015년도 우수 판매 대리점 시상식을 기획 제안할 수 있는 기회를 주셔서 진심으로 감사드립니다.

이에 당사 기획안을 제안드립니다. 귀사의 기대에 부합할 수 있도록 성심성의를 다해 도와드리겠습니다. 아무쪼록 긍정적인 검토를 부탁드리며 좋은 결과가 있기를 바랍니다.

주식회사 ABC컨퍼런스 서비스
도토지점장 엔도 이치

이 제안서는 극히 평범하고, 시종일관 인사말만 나열하고 있다. 날카로운 시각을 갖춘 고객이라면 '다른 고객에게 전달하는 제안서에서 이름만 바꾼 거 아냐?'라고 생각할 정도다. 이런 도입부는 제안서를 읽는 사람에게 전혀 길잡이 역할을 하지 못한다.

이번에는 [도표 4-6]의 개선 사례를 살펴보자. 원래 제안서에 다섯 가지 요소를 추가했다. 첫째는 ABC컨퍼런스 서비스사가 어떤 인식을 바탕으로 기획안을 작성했는지다. 둘째는 이 제안 내용이 무엇에 중점

고객에 대한 제안서

인사말

나날이 번영하시기를 기원합니다.
2015년도 우수 판매 대리점 시상식을 기획 제안할 수 있는 기회를 주셔서 진심으로 감사드립니다.

귀사에서는 2015년도의 중점 과제 중 하나로 대리점 육성을 내걸고 이번부터 우수 판매 대리점 시상식을 감사 표명의 자리로 삼고자 함을 잘 알고 있습니다. 뿐만 아니라 실적 향상 의지를 고취하는 기회로 만들고자 함도 잘 알고 있습니다. 이 점을 충분히 숙지해 '새로운 도전의 시작에 알맞은 시상식 연출'과 '사무국의 부담 최소화'에 중점을 둔 기획안을 제안드립니다.
본 안건을 시작으로 귀사의 니즈에 더욱 부응하는 상세하고 알찬 내용으로 행사를 기획해드리고 싶습니다. 요망 사항을 기탄없이 들려주시길 부탁드립니다.

당사는 보상 여행이나 회의 기획과 운영 서비스에 특화돼 있으며 당 분야의 선두 주자로 수많은 고객을 지원해왔습니다. 풍부한 경험과 노하우를 결집해서 성심성의껏 힘이 되어드리겠습니다.

그럼 좋은 소식이 있기를 기다리며 검토 부탁드립니다.

주식회사 ABC컨퍼런스 서비스
도토지점장 엔도 이치

을 두고 기획됐는지다. 셋째는 이 내용을 바탕으로 고객의 요구에 확실히 부응한다는 점이다. 넷째는 요망 사항을 기탄없이 들려주길 바란다는 점이다. 다섯째로 당사는 이 제안 영역에 특화된 선두주자임을 강조한다.

이런 내용을 추가함으로써 고객은 'ABC컨퍼런스 서비스사는 정확한 인식하에 제안하고 있으며 센스가 있다'는 인상을 받을 것이다. 단순한 인사에 그치지 않고 제안 내용과 앞으로의 대응에 대해 고객이 안심하고 납득하며, 나아가 기대감까지 갖게 하는 도입부다. 이제 바람직한 도입부의 이미지가 그려지는가.

2. 도입부란 무엇인지를 이해한다

'무엇에 대해, 무엇을 위해, 누가, 누구에게 쓰는 것인가' 하는 커뮤니케이션 설정을 설명하는 것이 도입부다. 따라서 커뮤니케이션 설정을 형성하는 네 가지 요소인 '주제, 기대하는 반응, 읽는 사람, 쓰는 사람'이 각각 무엇인지 또는 누구인지를 명시해야 한다. 이것은 도입부의 중요한 전제 사항인데, 앞서 언급한 세 가지 도입부 개선 사례에는 이외의 요소도 있어 읽는 사람이 내용을 이해하는 데 도움을 준다.

비즈니스 문서는 다양한 커뮤니케이션 설정을 바탕으로 하기에 도입부에서 본 내용을 정확하고 누락 없이 신속하게 알려주어야 한다. 그리고 일하는 데 활용하는 문서인 만큼 될 수 있으면 단순하게 접근해야

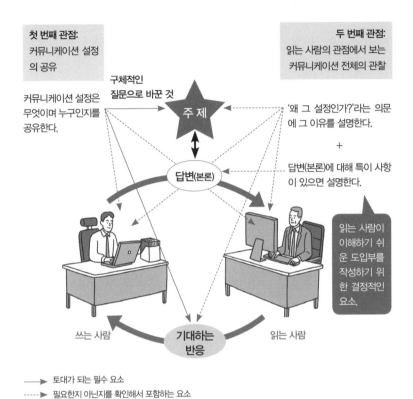

첫 번째 관점: 커뮤니케이션 설정 의 공유

두 번째 관점: 읽는 사람의 관점에서 보는 커뮤니케이션 전체의 관찰

커뮤니케이션 설정은 무엇이며 누구인지를 공유한다.

구체적인 질문으로 바꾼 것

주 제

'왜 그 설정인가?'라는 의문 에 그 이유를 설명한다.

+

답변(본론)

답변(본론)에 대해 특이 사항 이 있으면 설명한다.

읽는 사람이 이해하기 쉬 운 도입부를 작성하기 위 한 결정적인 요소.

쓰는 사람

기대하는 반응

읽는 사람

⟶ 토대가 되는 필수 요소
┄┄▸ 필요한지 아닌지를 확인해서 포함하는 요소

하며, 보고서, 제안서, 공지문, 의뢰문 등 여러 유형의 문서에 두루 적용할 수 있는 범용성 높은 접근법이 바람직하다.

로지컬 라이팅 접근법으로 도입부의 내용을 정리하기 위해 필요한 준비 도구는 단 하나, 커뮤니케이션 시스템이다. 이것을 구성하는 각각의 요소를 두 가지 관점에서 고찰해 도입부의 내용을 찾아내자(도표 4-7).

첫 번째 관점은 당연히 커뮤니케이션 설정의 공유다. 바탕이 되는 주제와 기대하는 반응이 무엇인지, 읽는 사람과 쓰는 사람이 누구인지를 설명한다. 제1장 '구성의 준비'를 제대로 이해했다면 '도입부의 골자'인 초안을 완성할 수 있다.

두 번째 관점은 커뮤니케이션 전체를 읽는 사람의 관점에서 고려하는 것이다. 앞서 말한 네 가지 요소에 답변, 즉 본론까지 추가한 커뮤니케이션 요소 전부를 읽는 사람의 관점에서 바라본다. 그런 다음, 문서를 읽는 사람에게 이미 구성한 답변을 정확하게 이해시켜 기대하는 반응을 얻을 수 있도록 필요한 내용을 설명해나간다.

이때 관건은 읽는 사람의 관점에서 바라보는 것이다. 문서 작성자가 "커뮤니케이션 설정은 이러이러하다….."고 설명해도 읽는 사람이 '애초에, 왜, 그렇게 설정한 거지?'라는 의문을 제기할 가능성이 있다. 그 가능성의 유무를 확인해서 필요하면 의문에 대한 설명을 준비한다. 또한 본론에 대해서도 특이 사항이 있으면 문서를 읽는 사람에게 설명한다.

커뮤니케이션 설정을 읽는 사람에게 납득시키는 것이 도입부이므로 설정 요소를 공유한다는 첫 번째 관점은 너무나 당연한 조건이다. 두 번째 관점인 커뮤니케이션을 읽는 사람의 관점에서 바라보는 것은 더 중요하다. 상대를 이해시키는 도입부를 작성해 작성자의 실력을 보여줄 수도 있다. 상대의 Why So?에 답변이 되도록 답변(본론)을 구성했듯 도입부에서도 읽는 사람의 의문에 답해야 한다. 이것이 읽는 사람이 이해할 수 있는 문서를 만드는 매우 중요한 조건이다.

그러면 이런 관점을 활용해 도입부에 필요한 내용을 어떻게 찾고 어떻게 설명할지를 알아보자. 앞서 제시한 도입부의 사례를 차례대로 살펴보도록 하겠다.

첫 번째 관점: 커뮤니케이션 설정의 공유

첫 번째 관점은 읽는 사람에게 커뮤니케이션 설정을 구성하는 네 가지 요소, 즉 '주제, 기대하는 반응, 쓰는 사람, 읽는 사람'을 알리는 데 꼭 필요하다. 각 요소를 확인하는 방법은 제1장 '구성의 준비'에서 설명했으니 참고하길 바란다. 여기서는 도입부에서 각 요소를 설명할 때의 유의점을 [도표 4-8]로 살펴본다. 우선 도입부의 바탕이자 모든 도입부에 반드시 필요한 요소인 주제와 기대하는 반응부터 설명하겠다.

주제

무언가를 제안하거나 의뢰하는 등 작성자가 스스로 주제를 정해 글을 작성하는 경우, 상대는 눈앞에 있는 문서가 '무엇에 대해' 쓴 것인지를 도입부를 읽고서야 비로소 이해할 수 있다. 앞서 소개한 판매 대리점에 보내는 의뢰문(도표 4-1)을 떠올려보자. 해당 문서는 작성자가 정한 주제가 본론에 묻혀 있는 데다 주제를 보여주는 표제조차 없었다. [도표 4-2] 개선 사례처럼 주제를 반드시 명시해야 한다.

한편 상사나 고객으로부터 "○○에 대해 보고해라.", "△△에 대해 제안해달라.", "□□에 회신해달라." 등의 지시나 요청을 받고 문서를 쓰는 경우도 있다. ABC컨퍼런스 서비스사의 제안서(도표 4-5, 도표 4-6)

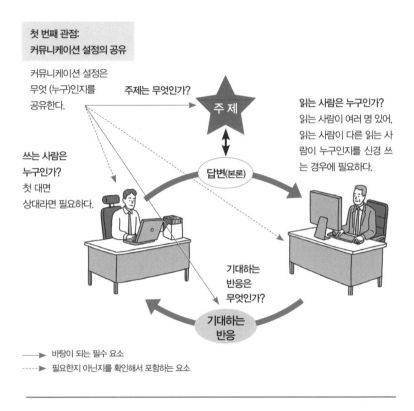

첫 번째 관점:
커뮤니케이션 설정의 공유

커뮤니케이션 설정은
무엇 (누구)인지를
공유한다.

주제는 무엇인가?

주 제

읽는 사람은 누구인가?
읽는 사람이 여러 명 있어,
읽는 사람이 다른 읽는 사
람이 누구인지를 신경 쓰
는 경우에 필요하다.

쓰는 사람은
누구인가?
첫 대면
상대라면 필요하다.

답변(본론)

기대하는
반응은
무엇인가?

기대하는
반응

→ 바탕이 되는 필수 요소
┅┅▶ 필요한지 아닌지를 확인해서 포함하는 요소

가 이에 해당하는데 이때 문서의 주제를 제시한 사람은 상대이므로, 상
대는 당연히 주제를 잘 알고 있다. 따라서 문서 작성자는 읽는 사람이
안심하고 납득하도록 문서의 앞부분에서 지시나 요청받은 주제에 대한
답변을 준비했음을 알리는 것이 좋다.

ABC컨퍼런스 서비스사의 제안서 개선 사례(도표 4-6)에서는 '우수 판
매 대리점 시상식을 기획 제안할 수 있는 기회를 주셔서'라며 주제를 확

인한다. 이 사례에서는 이 정도로도 설명이 충분하지만, 문서를 제출하는 쪽에서 주제를 제안한다면 더욱 구체적으로 설명해야 한다.

과연 어떻게 할 것인가. 구성의 준비를 마쳤다면 주제는 이미 답변해야 할 질문으로 바뀌었을 것이다. 사내의 제안서 개선 사례(도표 4-4)를 보자. 도입부 중에서 '(제도의) 현황을 확인하고 당 자격 취득 지원 제도의 타당성 여부를 검토해 현행 제도의 개선안을 정리했기에 이에 제안합니다'의 밑줄 친 부분이 바로 질문으로 바뀐 주제다.

기대하는 반응

문서 작성의 목적은 상대에게 기대하는 반응을 끌어내는 데 있다. 그러므로 문서를 쓰는 사람과 읽는 사람이 원활하게 업무를 진행하려면 기대하는 반응을 반드시 밝혀야 한다.

사내 제안서의 잘못된 사례(도표 4-3)처럼 '○○를 제안합니다'라고만 돼 있으면 읽는 사람은 그 말이 '제안드리니 의견을 주십시오'라는 의미인지 '제안하오니 승인해주십시오'라는 의미인지 헷갈려 할 것이다. 꼼꼼한 상대라면 '작성자에게 확인해야겠군. 일이 하나 늘었어'라고 생각할지도 모른다. 개중에는 문서의 취지가 제대로 드러나 있지 않다는 점을 구실 삼아 상대가 독촉할 때까지 아무런 대응을 하지 않는 사람마저 있을 것이다.

기대하는 반응은 상대의 반응을 확실하게 이끌어내기 위해 가능하면 구체적으로 설명해야 한다. 예를 들어 사내 제안서의 개선 사례(도표 4-4)에는 '다음 주 정기 기획회의에서 본 안건에 대한 의견을 주시기 바

랍니다'라고, ABC컨퍼런스 서비스사의 제안서 개선 사례(도표 4-6)에는
'요망 사항을 기탄없이 들려주시길 부탁드립니다'라고 기대하는 반응
이 설명되고 있다. 이렇게 기대하는 반응이 써 있으면 문서를 읽는 사
람은 작성자가 무엇을 원하는지를 확실히 이해할 수 있다.

읽는 사람, 쓰는 사람 밝히기

도입부에서 문서를 읽는 사람과 쓰는 사람이 각각 누구 혹은 어떤 조
직인지는 밝혀야 할까. 설명이 필요한 경우와 불필요한 경우가 있다.

읽는 사람

여러 사람에게 동일한 문서를 전달하는 경우가 있다. 이때 읽는 사람이
'나 말고 문서를 읽는 사람이 누구지? 어떤 입장에 있는 사람에게 문서
를 배포한 걸까?' 하고 의문을 가질 가능성이 있다면 읽는 사람이 누구
인지 설명할 필요가 있다.

쓰는 사람

여기서 말하는 '쓰는 사람'이란 문서 발신자다. 비즈니스의 경우, 발신
자는 개인일 수도 있고 조직일 수도 있다. 개인이든 조직이든 지금까
지 아무 접점이 없던 상대에게 문서를 발신한다면 쓰는 사람의 '자기
소개'가 필요하다.

자기소개의 좋은 본보기가 ABC컨퍼런스 서비스사의 제안서 개선
사례(도표 4-6)에 있다. '당사는 보상 여행이나 회의 기획과 운영 서비스

에 특화돼 있으며 당 분야의 선두주자로 수많은 고객을 지원해왔습니다'라는 대목이다.

아무리 뛰어난 제안서라도 제안하는 조직이나 사람이 불분명하면 읽는 사람은 의구심을 품기 마련이다. 아마도 '이 업계에서 ABC컨퍼런스 서비스라고 하면 모르는 사람이 없다. 회사명을 밝혔으니 그걸로 충분하다'고 생각하는 것은 당사자뿐일 것이다. 자기소개를 해주길 바라는 사람이 의외로 많다는 점을 기억하라.

두 번째 관점: 읽는 사람의 관점에서 보는 커뮤니케이션 관찰

커뮤니케이션 설정이 무엇인지를 확실히 이야기해도 추가 설명이 필요한 때가 있다. 읽는 사람이 설정의 네 가지 요소에 대해 다음처럼 의문을 갖는 경우다.

- 왜 이 주제를 설정했는가?
- 왜 이 반응을 취해야 하는가?
- 왜 쓰는 사람이 이 사람인가?
- 왜 읽는 사람이 이 사람인가?

이런 경우에 읽는 사람은 커뮤니케이션의 설정 자체에 약간 거부감을 느낄 수 있다. 그러므로 문서를 쓰는 사람은 자신이 이 문서를 수신해 읽는 입장에서 고려해야 한다. 만약 상대가 이런 의문을 품게 될 가능성이 있다면 설명을 준비하자.

글로 이루어지는 의사소통에서는 읽는 사람이 이해가 가지 않는다고 해서 그 자리에서 작성자에게 물을 수가 없다. 의문을 품을 여지가 없다는 확신이 서지 않는다면 수고를 아끼지 말고 충분히 설명해두자.

답변, 즉 본론도 읽는 사람의 입장에서 바라보자. 답변 자체는 로지컬 씽킹 기법을 사용해 Why So? 검증을 충분히 거친 뒤 논리적으로 구성했을 것이다. 이때 읽는 사람이 본론으로 들어가기 전에 파악하면 내용을 더욱 정확하게 이해할 수 있는 사항이 있는지 찾아내야 한다. 답변에 대해 미리 파악해야 할 사항은 없는지 확인한 다음, 필요한 설명이나 답변에 관련된 특이 사항을 준비하자.

도입부에 포함할 내용을 찾아내는 두 번째 관점을 정리한 것이 [도표 4-9]다. 커뮤니케이션 전체를 읽는 사람의 다섯 가지 관점에서 바라보고 설명이 필요한 항목을 확인하자. 특히 읽는 사람의 입장에서 살펴보는 것이 중요하다.

읽는 사람 중 '드러나지 않은 사람'이 있다면 이 관점에서도 확인해야 한다. 드러나지 않은 수신자는 제1장 '구성의 준비'에서 설명했듯 문서를 직접 읽는 사람의 배후다. 그 사람은 기대하는 반응을 이끌어내는 데 중요한 입장에 있는 제2, 제3의 수신자다.

그러면 읽는 사람의 관점에서 커뮤니케이션을 받아들이는 방법을 알아보자.

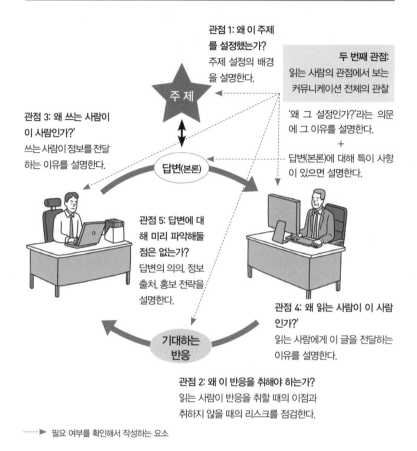

관점 1: 왜 이 주제
를 설정했는가?
주제 설정의 배경
을 설명한다.

두 번째 관점:
읽는 사람의 관점에서 보는
커뮤니케이션 전체의 관찰

주 제

'왜 그 설정인가?'라는 의문
에 그 이유를 설명한다.
+
답변(본론)에 대해 특이 사항
이 있으면 설명한다.

관점 3: 왜 쓰는 사람이
이 사람인가?'
쓰는 사람이 정보를 전달
하는 이유를 설명한다.

답변(본론)

관점 5: 답변에 대
해 미리 파악해둘
점은 없는가?
답변의 의의, 정보
출처, 홍보 전략을
설명한다.

관점 4: 왜 읽는 사람이 이 사람
인가?'
읽는 사람에게 이 글을 전달하는
이유를 설명한다.

기대하는
반응

관점 2: 왜 이 반응을 취해야 하는가?
읽는 사람이 반응을 취할 때의 이점과
취하지 않을 때의 리스크를 점검한다.

┈┈▶ 필요 여부를 확인해서 작성하는 요소

관점 1. 왜 이 주제를 설정했는가?

쓰는 사람 자신이 주제를 정해 제안서를 쓴다고 하자. 제안을 받는 측
은 제안의 필요성을 느끼지 못하는 경우가 많다. 이때 '○○의 개선을
제안합니다'라고 주제만 제시하면 '애초에 왜 ○○에 대해 제안하는 거

지? 오지랖이 넓은걸!' 하고 생각할 가능성이 있다. 그러므로 주제를 알리는 동시에 왜 이 주제를 내세웠는지, 주제 설정의 배경을 명시해야 한다. 이것이 문서를 쓰는 사람의 문제의식이다.

앞서 소개했던 문서의 도입부를 되짚어보자. 판매 대리점에 보내는 의뢰문과 자격 취득 지원 제도의 개선에 대한 사내 제안서다.

우선 대리점에 보내는 의뢰문의 개선 사례 [도표 4-2]에는 다음과 같은 대목이 있다.

> 아시는 바와 같이 <u>시장에서는 제품과 서비스의 품질 향상에 대한 니즈가 점점 더 높아지고 있습니다</u>. 저희 알파사에서는 시장의 요구에 적극 부응해 고객에게 <u>지속적으로 선택받는 존재가 될 수 있도록</u> 전체 회사 차원에서 'V21 프로젝트'를 시작하게 됐습니다.
> <u>판매 · 애프터서비스의 중요한 기능을 담당하고 계신</u> 대리점 여러분들과 함께 <u>현 상황을 이겨나갈 수 있도록</u> V21 프로젝트에 협력해주시기를 부탁드립니다.

이 문서에서 주제는 'V21 프로젝트에 협력해주시길 바랍니다'라고 할 수 있다. 그리고 밑줄 친 부분은 왜 프로젝트를 개시하고 대리점에 협력을 요청하는지에 대한 배경 설명이다. 이 설명이 없으면 문서를 읽는 사람은 뜬금없이 V21 프로젝트에 참가 요청을 받고는 거부감을 느낄 것이다.

또한 사내 제안서의 잘못된 사례를 보여준 [도표 4-3]은 '솔루션 어드바이저 자격 취득 지원 제도의 개선을 제안한다'는 주제 자체가 제목에 드러나 있다. 하지만 왜 이 주제를 다루는지에 대한 설명이 없어서 결국 본론을 읽어야만 내용 파악이 가능하다. 결과적으로 개선 사례 [도

표 4-4]에는 이런 설명이 추가됐다.

> 사업부 내에서 제도 개선의 필요성이 제기되고 있습니다.

읽는 사람이 주제를 설정하더라도 주제 설정의 배경을 설명해야 하는 경우도 있다. 앞에서 소개한 ABC컨퍼런스 서비스사의 제안서가 이에 해당한다. 우수 판매 대리점 시상식에 대한 기획 제안을 요청한 쪽은 고객이지만, 개선 사례 [도표 4-6]은 고객 입장에서 주제 설정 배경을 다음처럼 확인하고 있다.

> 귀사에서는 2015년도의 중점 과제 중 하나로 대리점 육성을 내걸고 이번부터 우수 판매 대리점 시상식을 감사 표명의 자리로 삼고자 함을 잘 알고 있습니다. 뿐만 아니라 실적 향상 의지를 고취하는 기회로 만들고자 함도 잘 알고 있습니다.

물론 고객은 이 점을 충분히 잘 알테지만 문서를 쓰는 사람이 주제 설정의 배경을 어떻게 이해하느냐가 기획 내용에 크게 영향을 미친다. 읽는 사람이 문서의 도입부에서 문제의식을 먼저 확인한다면 안심되고 기대감까지 생길 것이다.

관점 2. 왜 이 반응을 취해야 하는가?

비즈니스에서는 상대가 '음, 골치 아픈 의뢰로군'이라든가 '거 참, 성가신 얘기네'라고 생각할 것을 알면서도 협력을 구하거나 제안하는 일이 무수히 많다. 이런 경우에 읽는 사람은 자신이 왜 상대가 원하는 반응을 해야 하는지 그 필요성을 느끼지 못할 뿐 아니라 나아가 거부감마저 느끼기 쉽다.

그러므로 도입부에 '이런 반응을 해주면 이런 이점이 있다' 혹은 반대로 '반응을 해주지 않으면 이런 리스크가 있다'고 분명히 설명하는 게 좋다. 상대가 기대하는 반응을 보이도록 동기를 부여하는 것이다. 물론 이 점을 지나치게 강조하다 보면 쓰는 사람으로서 민망할 수 있다. 그래도 의뢰하는 배경을 착실히 설명하고 정중한 자세를 취하면 상대도 이해해줄 것이다.

대리점에 보내는 의뢰문의 개선 사례 [도표 4-2]는 기대하는 반응을 적절히 드러냈다. 주제 설정의 배경으로 준비한 설명에, 대리점이 V21 프로젝트에 참가하는 데 대한 의의를 함께 담아냈으며, 더불어 신중한 어조로 진지하게 의뢰하는 자세를 취하고 있다.

관점 3. 왜 쓰는 사람이 이 사람인가?

읽는 사람은 개인 또는 조직인 문서 발신자가 어디의 누구인지 알고는 있겠지만, 그래도 '왜 이 사람이 이 문서를 써서 보낸 거지?' 하고 의문을 품을 수 있다.

부하 직원이 상사를 대신해 메일로 고객에게 연락했다고 치자. 상사가 연락할 것이라 예상했던 고객의 입장에서는 의아할지 모른다. 이럴 때는 자기소개와 함께 왜 자신이 정보를 발신하는지 간략하게 설명하자.

관점 4. 왜 읽는 사람이 이 사람인가?

문서 수신자가 '이런 용건이라면 내가 아니라 상사에게 보내면 좋을 텐

데, 왜 내게 보낸 거지?'라고 생각하는 경우도 있다. 예를 들어, 사내 프로젝트 추진 부서에 사내 인터뷰를 의뢰하는 메일을 쓴다고 하자. 수신자인 젊은 사원이 위와 같은 의문을 품을 가능성이 있다면 설명을 덧붙이자. '구매 업무를 실제로 맡고 있는 담당자에게 현재의 상황과 문제점에 대해 직접 생생한 이야기를 듣고 싶다. 꼭 협조해주길 부탁드린다'라는 식으로 이유를 쓰면 된다.

대리점에 보내는 의뢰문의 개선 사례 [도표 4-2]를 살펴보자. '판매 · 애프터서비스의 중요한 기능을 담당하고 계신 각 대리점 여러분들과 함께 현 상황을 이겨나갈 수 있도록 V21 프로젝트에 협력해주시기를 부탁드립니다'라는 대목 중 밑줄 친 부분이 바로 이유에 해당된다.

관점 5. 답변에 대해 미리 파악해둘 점은 없는가?

마지막으로 본론을 읽기 전에, 읽는 사람이 미리 파악하면 답변을 더욱 정확하게 이해할 수 있는 특이 사항이 있는지 확인한다. 비즈니스 문서에서 자주 쓰이는 특이 사항은 앞서 소개한 사내 제안서와 ABC컨퍼런스 서비스사의 제안서 개선안에서 찾아볼 수 있다.

우선 답변이 갖는 취지에 대한 설명이다. 사내 제안서의 개선 사례 [도표 4-4]에는 이런 대목이 있다.

여러분의 의견을 바탕으로 당 부서에서 최종안을 작성하고, 다음 달에 열리는 부서 전체 회의에 회부해 승인을 얻고자 합니다.

또한 ABC컨퍼런스 서비스사의 제안서 개선 사례 [도표 4-6]에도 취지에 대한 설명이 있다.

> 본 안건을 시작으로 귀사의 니즈에 더욱 부응하는 상세하고 알찬 내용으로 행사를 기획해드리고 싶습니다.

이 대목들은 기획회의 구성원들의 의견, 혹은 고객의 의향을 반영해 제안 내용을 수정하겠다는 입장이 드러나 있다. 이런 답변의 취지를 전달하고 내용 이해를 돕기 위해서는 그 내용을 도입부에서 미리 공유해야 한다. ABC컨퍼런스 서비스사의 제안서 개선 사례처럼 설명을 덧붙이면 취지가 명확해져 읽는 사람이 이해하기가 수월하다.

도입부에 답변의 정보 출처를 밝히는 것도 좋다. 보고서 등의 문서에서는 정보 출처를 밝히면 신뢰도가 높아지고 읽는 사람이 납득하기 쉽다. 예를 들어, '이 보고 내용은 제품 X의 단골 고객 ○○명을 대상으로 실시한 설문조사에 근거했다', '시장 성장률 산출은 해당 업계 단체가 최근에 공표한 수치에 따른 것이다' 하는 식으로 근거를 밝히면 된다.

이외에도 상급 수준이지만 본론이 지향하는 목표를 언급할 수도 있다. ABC컨퍼런스 서비스사의 제안서 개선 사례 [도표 4-6]에는 이렇게 써 있다.

> 이 점을 충분히 숙지해 '새로운 도전의 시작에 알맞은 시상식 연출'과 '사무국의 부담 최소화'에 중점을 둔 기획안을 제안드립니다.

이것은 제안 내용 자체는 아니지만 특징과 이점을 서술하고 있다. 특히 분량이 많은 제안서 도입부에 이런 설명을 제시하면 읽는 사람이 본론에 대해 기대를 품게 된다.

다만 도입부이므로 간결해야 한다. 자칫 복잡하게 설명해 읽는 사람이 '무슨 말인지 모르겠군'라는 식의 부정적인 반응을 하게 해서는 안 된다. 그런 의미에서 답변이 지향하는 목표를 언급하는 것이 바람직하다.

흔히 읽는 사람의 입장에서 생각하라는 말을 한다. 하지만 구체적으로 어떻게 하라는 것일까?

일단 도입부의 설명에서는 커뮤니케이션 전체를 파악한다. 그다음에는 다섯 가지 관점에서 읽는 사람의 입장에 서서 스스로 묻고 대답하면서 반드시 설명해야 할 요소를 찾아내자.

- **관점 ①** 왜 이 주제를 설정했는가?
- **관점 ②** 왜 이 반응을 취해야 하는가?
- **관점 ③** 왜 쓰는 사람이 이 사람인가?
- **관점 ④** 왜 읽는 사람이 이 사람인가?
- **관점 ⑤** 답변에 대해 미리 파악해둘 점은 없는가?

구성할 때의 유의점

추출해낸 도입부의 요소를 구성할 때 유의점이 두 가지 있다. 하나는 찾아낸 요소를 어떤 순서로 설명할 것인가다. 도입부는 어디까지나 본론에 대한 머리말임을 명심하라. '주제는 …로 한다. 그 근거를 MECE

로 생각하면 …이기 때문이다'라든가 '기대하는 반응은 …이다. 그 근거를 MECE로 생각하면 …이기 때문이다'라는 식으로 논리 유형을 이용해 설명할 필요가 없다.

중요한 본론이 나오기 전인 도입부에서는 커뮤니케이션의 전체 모습을 파악하기 쉬운 흐름으로 배열하자. 도입부의 바탕이 되는 주제와 기대하는 반응에 대한 설명을 가능하면 앞에 두는 것이다. 즉 주제, 주제 설정의 배경, 기대하는 반응, 그 반응을 취할 때의 이점을 서술한 뒤에 다른 요소가 필요하면 주제 및 기대하는 반응과의 친화성을 고려해 설명의 위치를 결정한다. 주제를 설명하고 나서 본론의 취지를 언급하고 그다음에 기대하는 반응을 배치해 흐름을 자연스럽게 한다. 자사의 실적 등 쓰는 사람이 드러나는 요소는 주제 설정의 배경으로 도입부의 전 단계에서 설명할 수도 있다. 한편 주제 설정의 배경과는 별개로, 쓰는 사람이 자기소개를 할 때는 도입부 뒤쪽으로 돌리면 자화자찬이 될 위험을 피할 수 있다.

또 다른 유의점은 도입부의 분량이 적당해야 한다는 것이다. 내용이 너무 길면 행여 본론에 들어서기도 전에 읽는 사람이 질릴 수 있으니, 읽는 사람의 관점에서 찾아낸 요소 가운데 많은 분량을 할애할 내용이 있다면 분량을 조절하자. 도입부에서는 간략하게 요약하고 본론의 한 항목으로서 혹은 본론 뒤의 참고 자료로서 다루면 효과적이다. 앞에서 소개한 세 가지 사례로 이를 살펴보자.

우선 대리점에 보내는 의뢰문의 개선안 [도표 4-2]는 주제가 'V21 프로젝트 협력 요청'이다. 읽는 사람에게 당혹감을 주지 않으려면 왜 V21

프로젝트를 추진하고자 하는지, 즉 주제 설정에 대한 배경을 도입부에 밝혀야 한다. 그리고 이 문서의 주제는 네 가지 질문으로 나눌 수 있다.

- **질문** ① V21 프로젝트를 왜 실시하는가?
- **질문** ② V21 프로젝트는 무엇인가?
- **질문** ③ V21 프로젝트에서 대리점이 완수해야 하는 역할은 무엇인가?
- **질문** ④ 당장 원하는 대책은 무엇인가?

①은 주제 설정의 배경을 묻는 질문으로, 도입부에는 '시장에서는 제품과 서비스의 품질 향상에 대한 니즈가 점점 더 높아지고 있습니다. 저희 알파사에서는 시장의 요구에 적극 부응해 고객에게 지속적으로 선택받는 존재가 될 수 있도록…'이라고 질문에 대한 설명이 서술돼 있다. 그리고 본론의 첫째 항목인 '제품과 서비스 품질 향상 대책의 배경'에서도 거듭 설명하고 있다.

사내 제안서의 개선 사례 [도표 4-4]에서도 왜 솔루션 어드바이저 자격 취득 지원 제도의 개선을 제안했는지를 도입부의 앞부분에서 두 줄로 간단히 설명하고 있다. 그런 다음 본론의 첫째 항목인 'SA 자격 취득 지원 제도 상황'에서 주제 설정의 배경을 상세하게 서술한다.

또한 ABC컨퍼런스 서비스사의 제안서 개선 사례 [도표 4-6]은 도입부에서 자기소개를 하고 있다. 뛰어난 실적을 더 내세우고 싶겠지만 제안 내용 앞에 너무 많이 늘어놓으면 상대에게 오히려 미심쩍게 보일지도 모르니 개선 사례처럼 도입부에서는 간략하게 보여주는 것이 좋다. 그러고 나서 본론의 마지막에 '당사의 실적'이라는 장을 따로 마련하거나 참고 자료로 별도 제출하는 것이 바람직하다.

3. 도입부를 구성한다

제3장에서 소개한 베타사의 사례로 '커뮤니케이션 설정의 공유'와 '읽는 사람의 관점에서 커뮤니케이션 관찰'을 해보자. 그런 다음 보고서의 도입부를 작성한다.

베타사 사례의 개요는 인재 파견업의 신규 진입을 검토하는 프로젝트 팀 구성원이 팀 리더의 지시를 받아 프로젝트 팀에게 전달할 보고서를 쓰는 것이다. 베타사의 사례를 제3장의 [도표 3-3]에서 확인하고 함께 생각해보자. 참고로 보고서 본론의 구성은 [도표 3-15]에 있다.

첫 번째 관점: 커뮤니케이션 설정의 공유

커뮤니케이션 설정 공유에 대한 고찰부터 시작하자.

생각해보자! 커뮤니케이션 설정의 요소는 주제, 기대하는 반응, 읽는 사람, 쓰는 사람의 네 가지다. 보고서 도입부에는 이들 중 어떤 요소를, 어떻게 설명하면 좋을까.

해설 도입부에 항상 들어가는 필수 요소는 주제와 기대하는 반응이다. 이 두 가지를 어떻게 설명할지 생각해보자.

주제

주제를 답변해야 할 질문으로 바꾸면 '베타사에서는 파견 기술자의 능력 향상을 위해 어떤 체제를 갖추고 있는가?'이다. 이 질문에 대해 설명하면 된다.

기대하는 반응

문제는 기대하는 반응이다. 잘못된 도입부 설명 방식을 살펴보자.

잘못된 사례

① 베타사 기술자의 능력 향상을 위한 대책 현황에 대해 보고합니다.
② 베타사 기술자의 능력 향상을 위한 대책 현황에 대해 보고하니 읽어주시길 바랍니다.

혹시 당신이 생각했던 기대 반응도 이런 식인가? 하지만 ①에서는 기대 반응을 전혀 찾아볼 수 없으므로 부적합하다. ②는 얼핏 더 나아 보이지만, '읽어주길 바라는' 이상의 반응을 원한다면 '읽은' 다음에 상대가 어떻게 하길 바라는지 분명하게 밝히자.

　프로젝트 팀 리더가 내린 지시는 베타사가 파견 기술자의 능력 향상을 위해 시행하는 대책을 팀 구성원들에게 보고하라는 것이다. 아마 다음 번 프로젝트 회의에서는 당사가 배워야 할 점이 논의될 것이다. 그러므로 보고서를 읽을 팀 구성원들에게 이끌어낼 기대 반응은 '다음 회의에서는 이 내용에 비추어 당사가 배워야 할 점을 논의하겠으니 이를 전제로 읽어둘 것' 정도까지 구체적으로 설명돼야 한다.

읽는 사람, 쓰는 사람이 팀 구성원들이라는 사실은 모두가 이미 알고 있으니 해당 사례에서는 추가 설명이 불필요하다.

두 번째 관점: 읽는 사람의 관점에서 보는 커뮤니케이션 관찰

이번에는 커뮤니케이션 설정에 답변도 포함시켜 커뮤니케이션 전체를 살펴보자. 그리고 보고서를 읽는 사람의 입장이 되어 보고서를 다음의 다섯 가지 관점에서 살펴본 뒤 필요한 설명을 찾아내자.

- **관점 ①** 왜 이 주제를 설정했는가?
- **관점 ②** 왜 이 반응을 취해야 하는가?
- **관점 ③** 왜 쓰는 사람이 이 사람인가?
- **관점 ④** 왜 읽는 사람이 이 사람인가?
- **관점 ⑤** 답변에 대해 미리 파악해둘 점은 없는가?

생각해보자! 보고서를 읽는 사람 중에는 프로젝트 팀 리더뿐만 아니라 다른 구성원들도 포함된다. 그들의 관점에서 생각할 필요가 있다.

해설 이 사례에서는 관점 ①, ②, ⑤에서 필요한 설명을 찾아낼 수 있다.

주제 설정의 배경

이 보고서의 주제를 설정한 사람은 보고를 지시한 팀 리더다. 리더 외의 구성원을 위해 주제 설정의 배경을 설명해보자. 우선 '베타사가 높은 실적을 이룬 배경에는 파견 인재의 능력 향상을 위한 제도가 있어 당사도 참고할 점이 있을 것이다'라는 설명이 필요하다. 혹시 '왜 베타사를 다루는 것일까?'라고 생각하는 사람도 있을 수 있다면 베타사의 실적 개요 등에 대한 데이터를 제시해 이해를 돕는다. 이 모든 내용을 도입부에 넣으면 너무 길어지므로 참고 자료로 제시하는 것이 좋다.

반응을 취하는 데 따른 이점

상대가 '왜 베타사의 사례를 읽어야 하지?'라고 의문을 품을 가능성이 있으니, 반응을 취하는 데 따른 이점도 함께 명시하는 것이 좋다. 이에 앞서 작성자가 찾아낸 주제 설정의 배경을 설명하면 상대에게 베타사의 사례를 읽는 의의가 전달될 것이다.

답변에 대한 특이 사항

프로젝트 팀 구성원이 "이 보고서의 정보 출처는 어디입니까?"라는 질문을 할 가능성이 있다. 아예 '이 보고 내용은 △△증권의 애널리스트 사토 씨가 직접 전해준 정보를 근거로 작성했다'라는 식으로 답변의 정보 출처를 덧붙여두자.

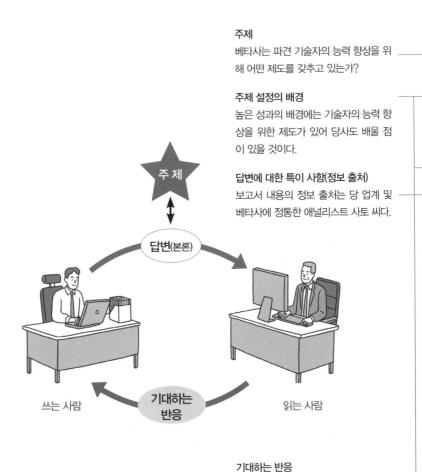

주제
베타사는 파견 기술자의 능력 향상을 위
해 어떤 제도를 갖추고 있는가?

주제 설정의 배경
높은 성과의 배경에는 기술자의 능력 향
상을 위한 제도가 있어 당사도 배울 점
이 있을 것이다.

답변에 대한 특이 사항(정보 출처)
보고서 내용의 정보 출처는 당 업계 및
베타사에 정통한 애널리스트 사토 씨다.

기대하는 반응
이 사례에서 당사가 배울 점을 다음 회의
에서 논의할 예정이니 한번 읽고 올 것.

〈도입부〉

기술자 파견업계에서 최근 활약이 두드러진 베타사의 기술자 능력 향상 대책에 대한 조사 결과를 보고드리겠습니다.

베타사의 파견 분야는 당사와는 다르지만 높은 실적의 배경에는 파견 인재의 능력 향상을 위한 제도가 있으며, 당사도 참고할 만한 점이 있다고 생각합니다.

다음 주 프로젝트 회의에서는 본 보고 내용을 염두에 두고, 당사가 배울 점을 논의하겠으니 사전에 읽고 오십시오.

베타사의 실적 데이터를 마지막에 덧붙여 밝혔으니 참고하십시오.

이 보고는 인재 파견업 분야에 정통한 △△증권의 애널리스트 사토 씨와의 인터뷰를 근거로 작성한 것입니다.

〈본론〉

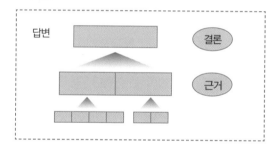

〈참고 자료〉

베타사는 매출의 70퍼센트를 점유하는 파견 사업을 중심으로 성장을 지속해, 시장에서 선두를 차지하고 있는 감마사와의 시장 점유율 격차를 좁혀나가고 있다.

· 베타사의 매출, 경상이익은….
· 베타사의 시장 지위는….
· 베타사의 주요 고객은….

프로젝트 팀의 담당자가 프로젝트 회의에서 논의할 주제를 준비하는 데 의문을 갖는 구성원은 없을 것이다. 프로젝트 팀의 구성원도 주제나 기대하는 반응에 대한 설명을 들으면 '왜 내가 읽는 사람이지?'라는 의문은 들지 않을 것이다. 즉, 보고자가 자신이 보고서 작성자인 이유나 보고서를 읽는 사람이 프로젝트 팀의 구성원인 이유를 굳이 설명할 필요는 없다.

지금까지 설명한 사항들을 반영해 도입부를 도표화한 것이 [도표 4-10]이다. 이와 같은 구성이면 문서 수신자가 보고서의 본론을 읽는 데 충분한 길잡이가 될 것이다.

* * *

문서는 본론뿐 아니라 도입부까지 만들어야 완결된다. 문서를 작성할 때는 이 점을 명심해서 시간을 잘 배분해야 한다. 시간이 부족하다고 도입부를 표제의 반복이나 인사로 얼버무려서는 안 된다. 또한 도입부의 내용이 본론 속에 묻히거나 아예 누락되는 상태가 발생하지 않도록 하자.

도입부의 내용에는 크게 두 가지가 있다. 첫째는 커뮤니케이션 설정이다. 주제, 읽는 사람에게 기대하는 반응, 읽는 사람, 쓰는 사람은 각각 무엇인가다. 둘째는 그렇게 설정한 이유와 본론에 앞서 설명할 본론에 대한 특이 사항이다.

커뮤니케이션 설정에 대한 설명은 설정의 각 요소를 뚜렷이 확인만 한다면 어렵지 않다. 문제는 두 번째 설명 내용을 과부족 없이 밝혀내는 것이다. 이를 위한 체크 리스트가 여기서 소개한 '읽는 사람의 관점에서 보는 커뮤니케이션의 관찰'로 필자가 에디팅 경험을 통해 직접 체계화한 것이다. 아무리 복잡한 컨설팅의 상황 설정에서도 읽는 사람의 관점을 다섯 가지로 나눠 확인하면 도입부에서 설명해야 할 내용을 찾아낼 수 있다. 당신도 도입부 구성의 도구로서 '읽는 사람의 관점에서 보는 커뮤니케이션의 전체 관찰'을 적극적으로 활용하기를 바란다.

제2부

메시지의 표현

제2부에서는 표현이라는 관점에서 문서의 도입부와 본론의 내용을 알기 쉽게 작성하는 접근법을 다루겠다. 비즈니스 문서에서 표현의 핵심은 두 가지다.

한 가지는 구성의 시각화다. 전달자는 읽는 사람이 문서를 훑어보고 단번에 '이런 내용이 이런 순서로 써 있구나' 하고 알게 해야 한다. 이를 위해 글씨를 굵게 하거나 밑줄을 긋거나 표를 만들어 정리하는 등의 시각화를 할 수 있는데, 이 방법은 효과적일 때도 있지만 자칫 잘못 사용하면 난삽해져서 오히려 문서를 읽기 어렵게 한다. 그보다는 MECE와 So What?/Why So?라는 로지컬 씽킹 접근법이 문서에 잘 드러나게 하자. 제5장에서 다룰 이 방법은 읽는 사람이 문서를 쉽게 이해하도록 하고 가독성을 높여준다.

또 한 가지는 메시지의 문장 표현이다. 문장 표현에서 당신이 평소 중요시하는 것은 무엇인가. 필자가 보기에는 많은 사람이 글을 짧게 써야 한다는 강박관념에 사로잡힌 나머지 애매하고 추상적인 표현으로 일관하고 있다. 비즈니스 상황에서 바쁜 상대에게 전달하고자 하는 내용을 신속하고 정확하게 이해시키려면 문장 표현에서 어떤 점에 신경을 써야 할까. 비즈니스 문서에 적합한 문장 표현의 요건과 그 포인트를 제6장에서 소개하겠다.

제5장
구성의 시각화

구성의 시각화는 문서를 훑어보는 사람이 한눈에 구성 전체를 파악할 수 있도록 하는 것이다. 시각화란 그저 단순히 눈에 띄는 지면을 만드는 것이 아니다. 시각화의 목표는 어디까지나 글을 논리적으로 구성해 어떤 내용이 어떤 순서로 작성돼 있는지를 읽는 사람에게 알리는 데 있다.

구성을 시각화해 문서를 정리하는 일은 표현 면에서 이해하기 쉽고 논리적인 글이 되도록 구성을 수정하는 작업이기도 하다. 이제부터 시각화의 핵심을 알아보자.

1. 한눈에 알 수 있는 문서를 만든다

제1부의 제3장과 제4장에서 구성한 베타사 관련 보고서의 본론과 도입부의 내용(도표 3-15, 도표 4-10)을 A4 용지 한 장에 세로 방향으로 정리하면 어떻게 될까.

우선 [도표 5-1]을 살펴보자. 문서를 보는 순간 글을 읽을 생각이 싹 달아나지는 않는가. 물론 이 문서는 보고 내용이 제대로 구성돼 있다. 하지만 한참 읽어보고 나서야 비로소 어떤 내용이 어떤 순서로 써 있는지 파악할 수 있다.

비즈니스 문서는 한눈에 내용을 바로 알 수 있도록 작성해야 한다. 읽는 사람이 작성자의 기대에 신속하게 반응할 수 있어야 하기 때문이다.

즉, 문서 작성자는 상대가 논리 유형의 구성을 보고 바로 내용을 파악할 수 있게 문서를 만들어야 한다. 시각화의 핵심 사항은 '보고서 제목과 중간 제목을 명기한다, 기호와 간격을 활용한다, 첫머리에 설명의 기준을 명시한다'이다. [도표 5-1] 사례에 이 핵심 사항을 적용하는 과정을 보여주는 것이 [도표 5-2]고, 그 결과가 [도표 5-3]이다.

[도표 5-3]은 보고서 내용이 한눈에 보이며, [도표 5-1]과 내용은 같지만 훨씬 더 이해하기 쉽고 읽기 편하다. 이런 문서야말로 보고서의 완성형이다.

사내 제안서

2015년 ○월 ○일

수신: 프로젝트 2015 구성원 앞
발신: 사무국 와다 다로

베타사 파견 기술자의 능력 향상 대책에 대해

기술자 파견업계에서 최근 활약이 두드러진 '베타사의 기술자 능력 향상을 위한 대책 현황에 대한 조사 결과'를 보고하겠습니다. 베타사의 파견 분야는 당사와는 다르지만 높은 실적의 배경에는 파견 인재의 능력 향상을 위한 체제가 있어 당사도 참고할 만한 점이 있다고 생각합니다. 다음 주 프로젝트 회의에서는 본 보고 내용을 염두에 두고 당사가 배워야 할 점을 논의하겠으니 사전에 읽어주시길 바랍니다. 이 보고는 인재 파견업 분야에 정통한 △△증권의 애널리스트 사토 씨와의 인터뷰를 근거로 작성한 것입니다. 또한 베타사의 실적 데이터를 마지막에 밝혔으니 참고하십시오.

◆ ◆ ◆

베타사는 의욕과 기술의 양면에서 기술자의 능력 향상에 주력하고 있다. 의욕 면에서는 채용부터 독립 지원에 이르는 인재 관리의 각 단계마다 개개인의 의욕을 불러일으키고, 기술 면에서는 고급 기술자의 기술을 OJT와 OFF-JT의 양쪽 방향에서 기술자 전체로 이전하고 있다.

1. 독립 지향적인 인재 채용부터 상호 계발에 따른 육성, 성과를 환원하는 급여, 전폭적인 독립 지원까지 인재 관리의 각 단계에서 기술자의 자주성을 일깨워 기술의 향상 의욕을 고취시키고 있다.
   1-1) 독립 지향성이 강한 인재를 채용해, 채용 시부터 고도의 기술을 습득하면

회사가 독립을 지원할 것을 공지해 기술자들이 기술 향상을 위해 노력할 수 있도록 동기를 부여한다.

1-2) 선배가 업무상의 고민에 대해 상담해주는 멘토 제도가 있다. 이 제도가 신입사원과 베테랑 선배 모두의 성장을 도모해 상호 계발을 이끌고 기술 향상 의욕을 고취시킨다.

1-3) 이익 공헌도에 근거한 성과급과 기술 평가에 근거한 고정급을 반반의 비율로 지급한다. 성과를 눈에 보이는 형태로 환원하는 급여 제도가 기술 향상 의욕을 높인다.

1-4) 전문가 수준이라고 인정되면 업무 위탁과 자금 원조로 독립을 지원하고, 복직의 기회도 열어놓는다. 장기적 독립 지원이 전문가를 목표로 한 고도의 기술 획득에 동기를 부여한다.

2. 팀 파견제와 고급 기술을 체계화한 연수라는 OJT와 OFF-JT 양 측면에서 기술자 개개인이 고급 기술자의 기술과 노하우를 배울 기회를 제공하고 있다.

2-1) 모든 기술자의 특기 분야와 기술 수준을 축적한 데이터베이스를 활용해 고급 기술자와 초보 기술자를 조합한 팀을 고객사에 파견한다. 초보 기술자는 업무 내에서 기술을 습득할 수 있다.

2-2) 고급 기술자를 트레이닝 센터의 베테랑 트레이너로 배치하고 그들이 발전시켜온 기술을 연수 프로그램으로 체계화해 제공한다. 기술자는 자유롭게 수강할 수 있는데, 프로그램이 실용적이라는 평가를 받고 있다.

또한 베타사는 과거 5년 동안 매출, 경상이익 모두 배로 증가하였으며 2014년의 매출은 100억 원, 경상이익은 7억 원을 달성했다. 또한 시장 점유율은 ○퍼센트며, □퍼센트의 점유율을 차지하고 있는 선두 기업 감마사의 뒤를 좇으며 그 차이를 해마다 좁혀가고 있다. 게다가 ○○사, △△사, □□사 등 첨단기술 대기업을 고객으로 확보하고 있다.

이상.

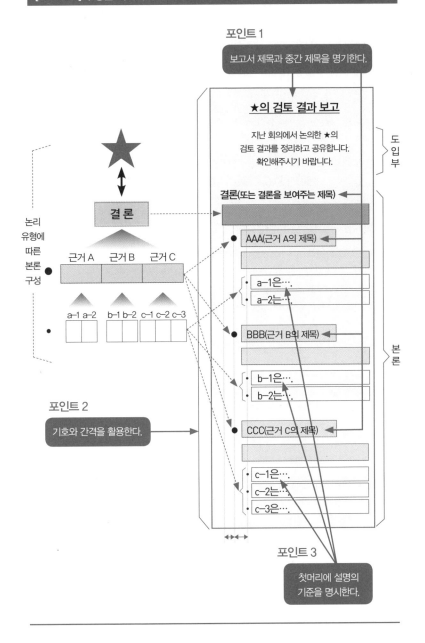

포인트 1

보고서 제목과 중간 제목을 명기한다.

★의 검토 결과 보고

지난 회의에서 논의한 ★의
검토 결과를 정리하고 공유합니다.
확인해주시기 바랍니다.

도입부

결론(또는 결론을 보여주는 제목)

결론

근거 A 근거 B 근거 C

AAA(근거 A의 제목)

a-1은….
a-2는….

a-1 a-2 b-1 b-2 c-1 c-2 c-3

BBB(근거 B의 제목)

b-1은….
b-2는….

논리
유형에
따른
본론
구성

본론

포인트 2

기호와 간격을 활용한다.

CCC(근거 C의 제목)

c-1은….
c-2는….
c-3은….

포인트 3

첫머리에 설명의
기준을 명시한다.

포인트 1

보고서 제목과 중간 제목을
명기한다.

2015년 ○월 ○일

수신: 프로젝트 2015 구성원 앞
발신: 사무국 와다 다로

베타사 파견 기술자의 능력 향상 대책에 대한 보고

기술자 파견업계에서 최근 활약이 두드러진 '베타사의 기술자 능력 향상 대책 현황에 대한 조사 결과'를 보고하겠습니다.

베타사의 파견 분야는 당사와는 다르지만 높은 실적의 배경에는 파견 인재의 능력 향상을 위한 체제가 있으며 당사도 참고할 만한 점이 있다고 생각합니다.

다음 주 프로젝트 회의에서는 본 보고 내용을 염두에 두고, 당사가 배워야 할 점을 논의하겠으니 사전에 읽어주시길 바랍니다.

이 보고는 인재 파견업 분야에 정통한 △△증권의 애널리스트 사토 씨와의 인터뷰를 근거로 작성한 것입니다. 또한 베타사의 실적 데이터를 마지막에 밝혔으니 참고하십시오.

1. 조사 결과

결론

베타사는 의욕과 기술 양면에서 기술자의 능력 향상에 주력하고 있다. 의욕 면에서는 채용부터 독립 지원에 이르는 인재 관리의 각 단계마다 개개인의 의욕을 불러일으키고, 기술 면에서는 고급 기술자의 기술을 OJT와 OFF-JT의 양쪽 방향에서 기술자 전체로 이전하고 있다.

● **의욕 향상 대책**

독립 지향적인 인재 채용부터 상호 계발에 따른 육성, 성과를 환원하는 급여, 전폭적인 독립 지원까지 인재 관리의 각 단계에서 기술자의 자주성을 일깨워 기술 향상 의욕을 고취시킨다.

· 채용 단계: 독립 지향성이 강한 인재를 채용. 채용 시부터 고도의 기술을 습득하면 회사가 독립을 지원할 것을 공지해 기술자들이 기술 향상을 위해 노력할 수 있도록 동기를 부여한다.

- 육성 단계: 선배가 업무상의 고민에 대해 상담해주는 멘토 제도가 있다. 이 제도가 신입사원과 베테랑 선배 모두의 성장을 도모하고 상호 계발을 이끌어 기술 향상 의욕을 고취시킨다.
- 평가와 보상 단계: 이익 공헌도에 근거한 성과급과 기술 평가에 근거한 고정급을 반반의 비율로 지급한다. 성과를 눈에 보이는 형태로 환원하는 급여 제도가 기술 향상 의욕을 높인다.
- 독립 지원 단계: 전문가 수준이라고 인정되면 업무 위탁과 자금 원조로 독립을 지원하고, 복직의 기회도 열어놓는다. 장기적인 독립 지원이 전문가를 목표로 한 고도의 기술 획득에 동기를 부여한다.

● 기술 향상 대책 ◀

팀 파견제와 고급 기술자의 기술을 체계화한 연수라는 OJT와 OFF-JT 양 측면에서 기술자 개개인이 고급 기술자의 기술과 노하우를 배울 기회를 제공하고 있다.

- OJT: 모든 기술자의 특기 분야와 기술 수준을 축적한 데이터베이스를 활용하고 고급 기술자와 초보 기술자를 조합한 팀을 고객사에 파견한다. 초보 기술자는 업무 내에서 기술을 습득할 수 있다.
- OFF-JT: 고급 기술자를 트레이닝 센터의 베테랑 트레이너로 배치하고 그들이 발전시켜온 기술을 연수 프로그램으로 체계화해 제공한다. 기술자는 자유롭게 수강할 수 있는데, 프로그램이 실용적이라는 평가를 받고 있다.

2. 참고 자료 ◀

베타사는 매출의 70퍼센트를 차지하는 파견업을 중심으로 성장을 거듭하고 있으며 시장의 선두를 달리고 있는 감마사와의 점유율 격차를 계속 좁혀가고 있다.

- 베타사의 매출액과 경상이익은 모두 과거 5년 동안 배로 증가하였으며 2014년의 매출은 100억 원, 경상이익은 7억 원을 기록했다.
- 시장 점유율은 ○퍼센트며 □퍼센트의 점유율을 차지하는 선두 기업 감마사의 뒤를 쫓으며 그 차이를 해마다 좁혀가고 있다.
- 주요 고객사는 ○○사, △△사, □□사 등 첨단기술 대기업이다.

이상.

포인트 2

기호와 간격을 활용한다.

포인트 3

첫머리에 설명의 기준을 명시한다.

2. 포인트 1: 보고서 제목과 중간 제목을 명기한다

읽는 사람이 일을 효과적으로 진행하려면 문서를 읽었을 때 주제와 기대하는 반응, 구성의 개요를 바로 파악할 수 있어야 한다. 주제를 제시했을 때 기대하는 반응을 시사하는 것이 '보고서 제목'이고, 구성을 보여주는 것이 '중간 제목'이다.

보고서 제목으로 주제와 기대하는 반응을 시사

개인적이고 사교적인 색채를 띤 비즈니스 레터를 제외한 모든 문서에는 반드시 보고서 제목이 필요하다. 보고서 제목은 상대가 문서의 주제와 기대하는 반응을 바로 파악할 수 있게 작성해야 한다.

알파사의 인사부가 발신한 사내 공고문에 '알파 비즈니스 전문학교에 대해'라는 보고서 제목이 붙어 있다고 하자. 이 보고서 제목만으로는 알파 비즈니스 전문학교에 대한 어떤 취지의 공고문인지 알 수 없다. 비즈니스 전문학교의 개강을 안내하는 글인지, 수강 신청 방법의 변경을 알리는 글인지, 어떤 강좌의 사전 과제를 수강자에게 공지하는 글인지, 사내 전문가에게 강의를 의뢰하는 글인지 전혀 가늠이 안 된다. 제목에는 알파 비즈니스 전문학교의 무엇에 대해, 무엇을 위해 쓴 글인지를 확실히 명시해야 한다. 예를 들면 다음과 같다.

- 알파 비즈니스 전문학교 개강 안내

- 알파 비즈니스 전문학교 응시 방법 변경 안내
- 알파 비즈니스 전문학교 강좌의 사전 과제 연락
- 알파 비즈니스 전문학교 강의 의뢰

앞에서 살펴본 베타사의 사례에서 보고서 제목을 떠올려보자. 시각화하지 않은 문서 [도표 5-1]의 제목은 '베타사 파견 기술자의 능력 향상 대책에 대해'인데, 이것만으로는 능력 향상 대책에 대해 어떻게 하겠다는 것인지 문서 작성자의 정확한 의도를 알 수 없다. 따라서 시각화한 문서 [도표 5-3]의 제목인 '베타사 파견 기술자의 능력 향상 대책에 대한 보고'처럼 써야 한다.

비즈니스에서는 보고, 회답, 의뢰, 제안, 상담, 안내, 연락 등 다양한 유형의 커뮤니케이션이 존재한다. 그 유형을 제목에 드러내야 작성자가 기대하는 반응을 상대에게 보여줄 수 있다. 문서의 목적은 상대로부터 기대하는 반응을 끌어내는 것이니 문서를 읽는 사람이 가장 먼저 읽게 되는 제목에 유형을 정확하게 드러내자.

중간 제목으로 구성을 명시

구성을 시각화하는 데 가장 중요하고 효과적인 것이 중간 제목이다. 문서를 읽는 사람은 중간 제목을 통해 문서에서 결론이 어디에 있는지, 또한 그 결론에 몇 개의 어떤 근거가 어디에 있는지를 직접적으로 알 수 있다. 시각화하지 않은 문서와 시각화한 문서의 중간 제목을 비교해보자. 문서의 보고 내용은 제3장에서처럼 병렬형 논리 유형을 사용했다(도표 3-15).

시각화하지 않은 문서 [도표 5-1]은 번호가 1, 2와 1-1), 1-2)…, 2-1), 2-2)로 매겨져 있지만 제목이 없다. 그래서 전부 읽어보기 전에는 1과 2의 관계, 1-1)에서 1-4), 2-1)과 2-2)의 관계를 알 수 없어 전체 구성을 파악하기 어렵다. 한마디로 불친절한 문서라고 할 수 있다.

이에 비해 시각화한 문서 [도표 5-3]은 도입부 아래에 '1. 조사 결과, 2. 참고 자료'라는 중간 제목을 붙여 내용을 크게 둘로 구분한다. '1. 조사 결과'의 내용은 병렬형 논리 유형으로 구성한 보고의 본론이다. 그리고 논리 유형의 결론에는 '결론', 논리 유형의 두 번째 단의 요소에는 '의욕 향상 대책, 기술 향상 대책'이라는 중간 제목이 있다. 세 번째 단의 요소에도 '채용 단계, 육성 단계, 평가와 보상 단계, 독립 지원 단계', 'OJT, OFF-JT'라는 소제목들이 있다.

이들 중간 제목이나 소제목은 그럴듯한 키워드를 대충 붙여놓은 것이 아니다. 설명 내용을 논리 유형으로 MECE하게 그룹핑할 때의 기준이다. 그렇기에 일련의 제목으로 각 항목 간의 관계성이 파악되고 결과적으로 전체 구성을 이해하기가 쉽다.

[도표 5-3]의 베타사 보고서는 두 쪽 정도로 정리돼 중간 제목 또는 소제목이 한눈에 보인다. 하지만 분량이 많은 문서는 이런 중간 제목들을 한눈에 보여줄 수 없으므로 반드시 목차를 만들어야 한다.

구성이 논리적이지 못하면 어디에 어떤 중간 제목을 붙여야 좋을지 판단하기가 무척 어렵고 결국은 시간에 쫓겨 중간 제목 없이 문서 작성을 마무리하기도 한다. 논리적 구성이 전제돼야 효과적인 중간 제목을 붙일 수 있다. 논리적 구성 방법은 제2장에서, 구성의 순서는 제3장에서 다뤘으니 참고하기 바란다.

[도표 5-3]는 논리 유형의 세 번째 단에도 소제목이 붙어 있다. 하지만 소제목 아래에서는 한 줄밖에 언급되지 않은 경우도 있다. 이때 세 번째 단까지 제목을 붙이면 문서에 제목과 소제목이 너무 많아져 오히려 번잡할 수 있으니 무리해서 제목을 붙이지 말고 문서 첫머리에 설명의 기준을 밝혀두자(제4장 참고).

항목형과 So What?형의 중간 제목 사용법

중간 제목이나 소제목에는 ① 항목형 중간 제목 ② So What?형 중간 제목이 있다. 이 두 가지 유형에 대해 알아보자.

항목형 중간 제목

[도표 5-4]의 좌측은 구성을 시각화한 문서 [도표 5-3] 중에서 본론의 중간 제목과 소제목을 적은 것이다. 이들은 모두 병렬형 논리 유형의 두 번째 단과 세 번째 단의 내용을 MECE로 나눈 것이다. 여기에는 '의욕 향상 대책으로서 무엇을 하고 있는가'라든가 '채용 단계에서는 무엇을 하고 있는가' 하는 내용이나 작성자의 가치 평가는 포함돼 있지 않다. 이처럼 각각의 중간 제목 아래 어떤 관점에서 설명을 전개하는지 그 구성 기준만 드러나 있는 것이 항목형 중간 제목이다.

항목형 중간 제목

- **의욕 향상 대책**
  - 채용 단계
  - 육성 단계
  - 평가와 보상 단계
  - 독립 지원 단계
- **기술 향상 대책**
  - OJT
  - OFF-JT

구성의 기준을 제시한다.

So What?형 중간 제목

- **자주성 중시의 의욕 향상 대책**
  - 독립 지향성이 강한 인재 채용
  - 멘토 제도를 활용한 육성
  - 성과를 개인에게 환원하는 평가와 보상
  - 적극적인 독립 지원
- OJT, OFF-JT 양면에서의 기술 향상 대책
  - 팀 파견제에 따른 OJT
  - 고급 기술을 체계화한 OFF-JT

설명 내용의 So What?을 제시한다.

So What?형 중간 제목

So What?형 중간 제목은 중간 제목 또는 소제목 아래에 전개되는 내용으로 So What?한 요점을 정리한 것이다. [도표 5-4]의 우측이 좌측의 항목형 중간 제목을 So What?형 중간 제목으로 바꾼 것이다.

So What?형 중간 제목은 설명 내용의 핵심을 드러낸다는 특징이 있는데 작성할 때 유의할 점이 있다. 첫째, 설명 내용을 정확하게 So What? 하도록 한다. 그렇지 않으면 쓰는 사람이 읽는 사람을 의도하지 않은 방향으로 잘못 이끌게 된다. 둘째, 설명 요점을 드러낼 때 읽는 사람이 각 기술 사이의 논리적 관계를 파악할 수 있어야 한다.

[도표 5-4]에서 '자주성 중시의 의욕 향상 대책'이라는 중간 제목 아래에 있는 네 가지 소제목에는 구성의 기준인 '채용, 육성, 평가와 보상, 독립 지원'이라는 인재 관리 단계가 포함돼 있다. 만일 이를 다음과 같이 바꾸면 어떨까.

- 자주성 중시의 의욕 향상 대책
  - 독립 지향 중시
  - 멘토 제도
  - 성과주의
  - 독립 자금 제공, 업무 위탁 등

이 제목들은 베타사의 '자주성 중시의 의욕 향상 대책'을 설명하는 키워드를 확실하게 보여주지만 의욕 향상 대책을 인재 관리의 4단계로 나누어 설명하는 본론의 구성이 잘 파악되지 않는다. 그러므로 So What? 형 중간 제목에도 구성의 기준을 넣어 표현해보자.

중간 제목 유형을 선택할 때의 유의점

병렬 관계의 중간 제목과 소제목은 항목형이든 So What?형이든 하나로 통일하는 것이 좋다. 성격이 다른 항목형과 So What?형이 섞여 있으면 어색할 뿐 아니라 각 서술된 문장 사이의 관계를 파악하기 어렵다.

항목형 중간 제목과 So What?형 중간 제목은 어떤 기준에 따라 사용하면 좋을까? 일반적으로 분량이 적은 문서에는 항목형 중간 제목을 사용하는 것이 더 명쾌하다. 분량이 적은 문서에 So What?형 중간 제목을 사용하면 제목과 설명 내용에 중복이 많아져 자칫 장황해진다. 일상적으로 작성하는 비즈니스 문서도 항목형 제목이 적합한 경우가 많다.

반면 분량이 많은 문서를 작성할 때는 앞서 말한 유의점을 근거로 So What?형 중간 제목을 적절하게 붙이는 것이 좋다. 무엇보다 읽는 사람이 문서의 요지를 빠르게 파악할 수 있다.

3. 포인트 2: 기호와 간격을 활용한다

논리 유형상의 위치를 기호와 간격으로 구분

구성을 시각화할 때의 두 번째 포인트는 논리 유형의 단계마다 일정한 기호와 간격을 적용하는 것이다. 그렇게 하면 기술된 각각의 내용 중 어떤 것이 같은 단계에 해당하는지가 시각적으로 표현된다. [도표 5-2]와 [도표 5-3]을 다시 한번 살펴보자. 해당 도표들은 기호에 대해 다음과 같은 규칙을 적용했으며, 논리 유형으로 구성한 결론과 여러 근거를 먼저 결론을 제시하는 방식으로 설명하고 있다.

- 논리 유형상의 결론: 어떤 기호도 사용하지 않는다.
- 논리 유형상의 두 번째 단의 요소: '●'(이하 '도트')를 사용하고 결론

보다 오른쪽으로 들여쓰기를 한다.

● 논리 유형상의 세 번째 단의 요소: '•'(이하 '미니도트')를 사용하고 두 번째 단의 요소보다 더 오른쪽으로 들여쓰기를 한다.

해당 도표들에는 도트와 미니도트가 사용됐지만, 기호는 문서 작성자가 자유롭게 결정하면 된다. 같은 단계의 설명에 같은 기호를 사용해 내용 사이의 구체성과 중요도를 시각적으로 보여주는 것이 가장 중요하다. 그리고 들여쓰기나 행간을 적절히 조절하면 의미상 단락 구분이 더욱 확실해져 읽기 쉬운 문서가 완성된다.

구성에 사용한 논리 유형이 해설형이더라도 기호와 행간 사용법은 똑같다. 논리 유형의 두 번째 단에 위치하는 사실, 판단 기준, 판단 내용에 대한 설명이 각각 도트 옆에 온다. 그리고 세 번째 단에 설명이 있으면 미니도트 옆에 적어나가면 된다.

시각화하지 않은 문서 [도표 5-1]을 시각화한 문서 [도표 5-3]과 다시 한번 비교해보자. [도표 5-1]은 기호로 1-1) ~1-4), 2-1), 2-2) 등을 사용했는데 이처럼 숫자를 많이 사용하면 오히려 산만해 보인다. 특히 분량이 적은 문서는 더 그렇다. 차라리 숫자 대신 미니도트와 같은 기호를 사용하는 편이 훨씬 깔끔하다.

또한 [도표 5-1]은 들여쓰기나 행 사이의 여백이 없다. 이에 비해 적당히 간격을 둔 [도표 5-3]은 의미상의 단락을 빨리 찾을 수 있어 글 전체의 흐름을 파악하기 쉽다.

[도표 5-3]은 세 번째 단까지 있는 논리 유형의 구성을 시각화한 것

이다. 만약 네 번째 단까지 있다면 '줄표(-)'라든지 도트나 미니도트 등의 기호를 사용한다.

　그러나 이렇게 단계가 많아지면 구성이 번잡하고 설명이 너무 세세해져서 오히려 내용을 파악하는 데 지장을 줄 수도 있다. 구성의 관점에서도 논리 유형을 네 번째 단까지 단계화하면 So What?/Why So?의 전개가 장황해지기 쉽다고 제3장에서 설명한 바 있다. 시각화의 관점에서도 내용을 빨리 파악하기 어려우니 논리 유형은 되도록 세 번째 단까지 구성하는 것이 좋다.

기호로 드러내는 MECE와 So What?/Why So?의 관계

도트나 미니도트로 문장을 기술한 문서는 언뜻 무난하게 항목별로 작성한 것처럼 보인다. 하지만 앞에서 말했듯 ●이나 · 같은 기호는 눈길을 끌기 위한 단순한 표시가 아니라 각 내용의 논리적 관계를 드러내는 도구다. 문서 작성자가 이런 기호를 잘 활용하면 상대에게 문서의 구성을 한눈에 보여줄 수 있다.

　기호로 나타내는 논리적 관계인 MECE와 So What?/Why So?를 [도표 5-5]에서 확인해보자.

결론과 도트 사이, 도트와 미니도트 사이는 So What?/Why So?의 관계

[도표 5-5]에서 결론은 '베타사는 의욕과 기술 양면에서… 기술자 전체로 이전하고 있다'이다. 이 결론에 대해 Why So?라는 질문을 받으면,

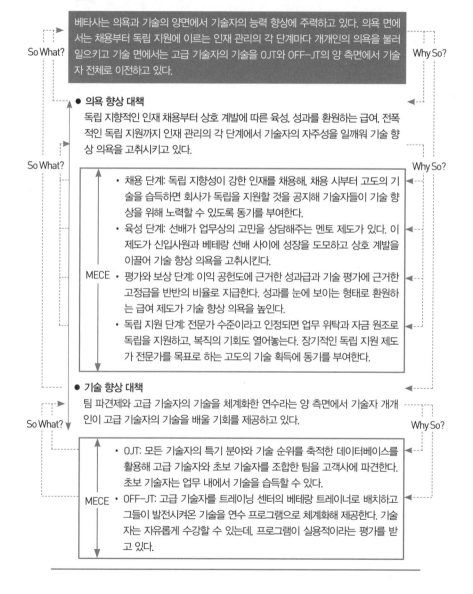

1. 조사 결과

결론

So What? ──▶ 베타사는 의욕과 기술의 양면에서 기술자의 능력 향상에 주력하고 있다. 의욕 면에서는 채용부터 독립 지원에 이르는 인재 관리의 각 단계마다 개개인의 의욕을 불러일으키고 기술 면에서는 고급 기술자의 기술을 OJT와 OFF-JT의 양 측면에서 기술자 전체로 이전하고 있다. ◀── Why So?

● **의욕 향상 대책**

So What? ──▶ 독립 지향적인 인재 채용부터 상호 계발에 따른 육성, 성과를 환원하는 급여, 전폭적인 독립 지원까지 인재 관리의 각 단계에서 기술자의 자주성을 일깨워 기술 향상 의욕을 고취시키고 있다. ◀── Why So?

MECE
- 채용 단계: 독립 지향성이 강한 인재를 채용해, 채용 시부터 고도의 기술을 습득하면 회사가 독립을 지원할 것을 공지해 기술자들이 기술 향상을 위해 노력할 수 있도록 동기를 부여한다.
- 육성 단계: 선배가 업무상의 고민을 상담해주는 멘토 제도가 있다. 이 제도가 신입사원과 베테랑 선배 사이에 성장을 도모하고 상호 계발을 이끌어 기술 향상 의욕을 고취시킨다.
- 평가와 보상 단계: 이익 공헌도에 근거한 성과급과 기술 평가에 근거한 고정급을 반반의 비율로 지급한다. 성과를 눈에 보이는 형태로 환원하는 급여 제도가 기술 향상 의욕을 높인다.
- 독립 지원 단계: 전문가 수준이라고 인정되면 업무 위탁과 자금 원조로 독립을 지원하고, 복직의 기회도 열어놓는다. 장기적인 독립 지원 제도가 전문가를 목표로 하는 고도의 기술 획득에 동기를 부여한다.

● **기술 향상 대책**

So What? ──▶ 팀 파견제와 고급 기술자의 기술을 체계화한 연수라는 양 측면에서 기술자 개개인이 고급 기술자의 기술을 배울 기회를 제공하고 있다. ◀── Why So?

MECE
- OJT: 모든 기술자의 특기 분야와 기술 순위를 축적한 데이터베이스를 활용해 고급 기술자와 초보 기술자를 조합한 팀을 고객사에 파견한다. 초보 기술자는 업무 내에서 기술을 습득할 수 있다.
- OFF-JT: 고급 기술자를 트레이닝 센터의 베테랑 트레이너로 배치하고 그들이 발전시켜온 기술을 연수 프로그램으로 체계화해 제공한다. 기술자는 자유롭게 수강할 수 있는데, 프로그램이 실용적이라는 평가를 받고 있다.

그 직접적인 답변은 두 가지 도트 아래의 설명이 된다.

- **의욕 향상 대책**
  독립 지향적인 인재 채용부터 상호 계발에 따른 육성, 성과를… 기술 향상 의욕을 고취시키고 있다.

- **기술 향상 대책**
  팀 파견제와 고급 기술자의 노하우를 체계화한… 고급 기술자의 기술을 배울 기회를 제공하고 있다.

이들 도트가 표시된 문장을 So What?해서 핵심을 정리하면 결론이 된다. 이처럼 결론과 도트가 이끄는 내용 사이에는 So What?/Why So? 의 관계가 성립한다.

마찬가지로 So What?/Why So?의 관계가 도트가 이끄는 문장과 미니도트가 이끄는 문장 사이에도 성립한다. 첫 번째 도트 아래의 '독립 지향적인 인재 채용부터 상호 계발에 따른 육성, 성과를… 기술 향상 의욕을 고취시키고 있다'라는 서술에 Why So?라는 질문을 적용하면, 그 아래 네 개의 미니도트가 이끄는 설명이 답변이 된다. 반대로 미니도트 네 가지의 서술을 So What?하면 그 위의 도트가 이끄는 내용이 된다. 이런 관계가 두 번째 도트의 설명과 그 아래 두 개의 미니도트의 설명 사이에도 성립된다.

그런데 [도표 5-6]과 같은 설명에 주의해야 한다. '어디가 잘못됐다는 거지?'라고 생각하면서 자세히 살펴보면 도트 부분에 '의욕 향상 대책, 기술 향상 대책'이라는 제목만 있다. 하지만 의욕 향상을 위한 네 가지 시책을 종합해도 베타사가 결국 무엇을 하고 있는지 알기 어렵다. 보고

188

1. 조사 결과

결론

베타사는 기술자의 의욕을 고취시키는 동시에 실제로 기술 향상을 위한 다양한 체제를 갖추고 있다.

● 의욕 향상 대책 **So What?**

• 채용 단계: 독립 지향성이 강한 인재를 채용해, 채용 시부터 고도의 기술을 습득하면 회사가 독립을 지원할 것을 공지해 기술자들이 기술 향상을 위해 노력할 수 있도록 동기를 부여한다.

• 육성 단계: 선배가 업무상의 고민을 선배가 상담해주는 멘토 제도가 있다. 이 제도가 신입사원과 베테랑 선배 모두의 성장을 도모, 상호 계발을 이끌어 기술 향상 의욕을 고취시킨다.

• 평가와 보상 단계: 이익 공헌도에 근거한 성과급과 기술 평가에 근거한 고정급을 반반의 비율로 지급한다. 성과를 눈에 보이는 형태로 환원하는 급여 제도가 기술 향상 의욕을 높인다.

• 독립 지원 단계: 전문가 수준이라고 인정하면 업무 위탁과 자금 원조로 독립을 지원하고, 복직의 기회도 열어놓는다. 장기적인 독립 지원이 전문가를 목표로 한 고도의 기술 획득에 동기를 부여한다.

● 기술 향상 대책 **So What?**

• OJT: 모든 기술자의 특기 분야와 기술 수준을 축적한 데이터베이스를 활용해 고급 기술자와 초보 기술자를 조합한 팀을 고객사에 파견한다. 초보 기술자는 업무 내에서 기술을 습득할 수 있다.

• OFF-JT: 고급 기술자를 트레이닝 센터의 베테랑 트레이너로 배치하고 그들이 발전시켜온 기술을 연수 프로그램으로 체계화해 제공한다. 기술자는 자유롭게 수강할 수 있는데, 프로그램이 실용적이라는 평가를 받고 있다.

도트의 제목 아래에 미니도트의 설명을 묶어 So What?한 설명을 넣어야 한다.

의 논점을 확실하게 전달하고 싶다면 이처럼 도트 옆에 제목만 넣지 말고 미니도트 아래에 So What?한 설명을 넣어야 한다.

제3장의 [도표 3-19]에서 설명한 논리 유형의 '두 번째 단의 누락'을 떠올려보자. 두 번째 단의 누락이란 논리 유형상 두 번째 단에 있어야 할 설명이 누락된 구성을 가리킨다. [도표 5-6]이 바로 이런 구성을 문서화한 것이며 이처럼 여러 개의 미니도트 문장을 열거하고 그 위에 제목만 적은 문서가 의외로 정말 많다. 이렇게 되면 결론도 So What? 포기 유형의 문서가 되기 쉽다.

So What?은 심사숙고가 필요한 손이 많이 가는 작업이지만 그렇다고 So What?을 포기해버리면 이해하기 어려운 문서가 만들어질 것이다. 더구나 읽는 사람이 So What? 기술이 부족한 경우, 더더욱 문서는 제대로 작성되지 않는다. 구성을 시각화하는 단계에서도 두 번째 단의 누락이라는 함정에 빠지지 않았는지 거듭 확인하자.

도트와 도트 사이, 미니도트 사이는 MECE한 관계

도트가 이끄는 문장 사이, 미니도트가 이끄는 문장 사이에는 MECE한 관계, 즉 중복과 누락, 혼재가 없는 관계가 성립돼야 한다. 이 관계가 잘 드러난 [도표 5-5]에서 본론 구성에 사용한 논리 유형은 병렬형이다. 해설형 논리 유형에서는 도트가 사실, 판단 기준, 판단 내용을 뜻한다. 이 세 가지는 객관적 사실, 판단 기준, 판단 내용을 조합한 작성자의 주관적 판단 사고를 두 가지로 나누어 MECE로 생각한다.

도트 등의 기호가 표시된 설명에는 중복이 있거나 중요한 요소가 누락되어서는 안 되며, 구체성 면에서도 혼재가 없어야 한다.

이처럼 기호는 So What?/Why So? 또는 MECE의 논리를 일관하는 종횡의 법칙을 보여줌으로써 구성을 시각화하는 역할을 한다. 기호를 시각화 도구로 사용하는 데 익숙해지면 누구든 논리 유형의 구성을 논리 유형의 트릭식 도형을 이용하지 않고도 [도표 5-3]과 같은 문서를 작성할 수 있다.

4. 포인트 3: 첫머리에 설명의 기준을 명시한다

구성을 시각화할 때의 세 번째 포인트는 첫 문장을 효과적으로 작성하는 것이다. 다음 문서들을 비교해보자. 이 문서들은 초콜릿 제조사가 밸런타인데이의 판매 경쟁을 마친 뒤 정리한 보고서의 일부다. 올해의 판매 경쟁을 둘러싼 외부 환경을 분석한 대목으로 내용은 같고 표현만 다르다.

잘못된 사례: 설명의 기준이 문서 속에 묻혀 있다

> ● 올해 밸런타인데이 초콜릿 판매 경쟁은 시장 규모 면에서 작년과 비슷했으며 사랑을 고백하는 본래 용도의 초콜릿 수요에는 별다른 변동이 없었다. 하지만 직장 동료 등에게 주는 의리 초콜릿 수요는 하락했으며, 최근 디저트 붐을 타고 친구나 지인에게 보내는 우정 초콜릿과 자신이 먹을 초콜릿 등 새로운 수요가 확대됐다.

- 저렴한 가격을 내세운 의리 초콜릿 상품에 주력한 경쟁사는 고전했지만, 고품질의 정통 초콜릿 상품을 주축으로 한 경쟁사는 꽤 좋은 실적을 올렸다.
- 유명 파티셰와 제휴한 오리지널 초콜릿이나 한정판 고급 수입 초콜릿 등 희소성이 높은 상품을 주로 판매한 백화점은 매출 증대에 성공했다.

바람직한 사례: 설명의 기준이 첫머리에 있다

- 시장 전체를 보면 규모는 별다른 변동이 없었다. 수요별로는 사랑을 고백하는 본래 용도의 초콜릿 수요는 큰 차이가 없었지만 의리 초콜릿 수요가 하락했고, 최근 디저트 붐을 타고 친구나 지인에게 보내는 우정 초콜릿과 자신이 먹을 초콜릿 등 새로운 수요가 확대됐다.
- 경쟁사의 경우, 저렴한 가격을 내세워 의리 초콜릿 상품에 주력한 경쟁사는 고전한 반면, 고품질의 정통 초콜릿 상품을 주축으로 한 경쟁사는 꽤 좋은 실적을 올렸다.
- 주력 유통 채널인 백화점에서는, 유명 파티셰와 제휴한 오리지널 초콜릿과 기간 한정 판매로 진행한 고급 수입 초콜릿 등 희소성이 높은 상품이 매출이 증대됐다.

두 문서 모두 세 가지 사항을 기술했다. 하지만 잘못된 사례에서는 아무리 봐도 기준을 파악하기 힘들다. '시장 전체, 경쟁사, 유통 채널'이라는 제조사의 외부 환경을 MECE로 나눈 것이 문서 안에 묻혀버렸기 때문이다. 이에 비해 바람직한 사례는 기준을 문장 앞에 명시했다.

같은 내용이라도 두 문서들처럼 설명의 기준은 첫머리에 나오기도

하고 글의 중간이나 뒤에 섞여 있기도 하며 이에 따라 문서를 읽는 사람은 구성을 다르게 파악할 수 있다.

[도표 5-3]의 베타사에 대한 보고서를 다시 떠올려보자. 이 문서의 '2. 참고 자료' 항목에는 베타사 실적과 관련한 통계가 제시됐다. 그리고 각 항목의 첫머리에는 설명의 기준이 이렇게 써 있다.

- 매출액과 경상이익은….
- 시장 점유율은….
- 주요 고객사는….

이 문서의 미니도트 항목에는 '채용 단계, 육성 단계, 평가와 보상 단계, 독립 지원 단계'와 'OJT, OFF-JT'라는 소제목이 각각 있다. 앞서 언급했듯이 미니도트가 이끄는 문장이 더 짧을 때 소제목을 붙이면 문서 전체에 제목이 너무 많아져 문서가 산만해진다. 이런 경우에는 '2. 참고 자료'에서처럼 소제목을 붙이지 말고 문장 앞에서 '채용 단계에서는…', '육성 단계에서는…' 하는 식으로 구성의 기준을 밝히면 된다.

* * *

시각화는 표현 기술이므로 철저하게 실천하면 논리적으로 문서를 작성하는 로지컬 씽킹 능력을 단련할 수 있다. 도트나 미니도트 등의 기호에 MECE, So What?/Why So?의 논리적 사고방식을 표현하고, 이것들을 평소 메일이나 메모를 작성할 때 활용해보자. 그러면 기호는 사고를 정리하고 구성하는 소도구로서 작동한다.

여러 미니도트가 이끄는 문서를 작성하면서 MECE인지 아닌지를 확인해보자. 미니도트를 So What?한 도트 아래의 설명이 빠져 있지는 않은지, 내용이 정확한지 점차 알게 된다. 뿐만 아니라 제목을 붙이고 문장의 첫머리에 항상 설명의 시점 기준을 표시하는 습관을 들이면 제목이나 문장 앞부분에 MECE한 기준을 명시하려고 늘 의식하게 될 것이다.

그리고 당신이 속한 그룹이나 부서에 로지컬 씽킹을 확산시키고 싶다면 시각화의 사고방식을 공유하고 문서 작성의 기본 규칙으로 삼을 것을 권장한다. 고객과의 면담 보고, 일간 보고, 주간 보고, 월간 보고나 사내 공고문 등 평소에 작성하는 문서에도 이 기술을 사용하자.

이렇듯 시각화 기술을 활용하고, 또한 MECE와 So What?/Why So? 사고를 습관화해서 문서화하고 눈으로 확인하는 과정을 반복하면, 누구나 문서 작성 시 로지컬 씽킹 기법을 능숙하게 사용할 수 있다. 그것이 바로 로지컬 라이팅이다.

부록

시각화의 응용

규정 서식 응용

제5장에서는 본론을 논리 유형으로 구성할 때 어떻게 시각화할지 살펴
보았다. 비즈니스 문서 중에는 '결론은…. 왜냐하면 근거는…' 식으로
논리 유형을 치밀하게 설명할 필요가 없는 경우도 많다. 영업 일지나
사내 공고문 등은 규정 서식의 틀 안에서 필요 사항을 기입하면 되며,
연락 메모나 메일, 비즈니스 레터 등도 마찬가지다. 이런 간단한 문서
를 작성할 때는 굳이 논리 유형으로 구성할 필요가 없지만 MECE, So
What?/Why So?를 의식해서 내용을 정리하는 것은 중요하다. 그럴 때
반드시 시각화의 사고방식을 응용하자.

　[도표 5-7]을 한번 살펴보자. 이 문서는 어떤 의료법인의 정보관리
부 담당자가 작성한 〈사외 연수 참가 신청서〉다. 해당 조직에서는 사
외 세미나 등에 참가하고자 할 때 총무인사부에 이 신청서를 제출하
게 돼 있다.

　잘 읽어보면 확실히 이 세미나는 참가에 의의가 있는 듯하다. 하지

만 단락을 나누기만 했지 장황하게 써 있어 참가 신청 이유를 파악하기 어렵다. 문서가 그다지 길지 않은데도 왠지 진지하게 해독해야 할 것 같은 인상을 준다.

그럼 여기서 질문을 하나 하겠다.

생각해 보자! 문서에 기술된 내용을 MECE와 So What?/Why So?로 정리하면 참가 신청 사유가 몇 가지나 나올까. 이것을 시각화의 핵심을 사용해 어떻게 개선할 수 있을까.

해설 [도표 5-7] 문서는 네 단락으로 나뉘어 있지만 세미나 참가 신청 사유는 MECE의 프레임워크 중 3C(고객·시장Customer, 경쟁사Competitor, 자사Company)의 개념을 사용하면 세 개 그룹으로 나눌 수 있다. 즉, 환자의 니즈와 개인 정보 취급에 대한 현재 동향, 경쟁 의료기관의 이야기, 자신이 속한 조직의 이야기 등 각 그룹마다 세미나에 참가하고 싶은 이유의 핵심을 So What?/Why So?로 자문자답해보자. 그러면 '현재의 트렌드를 파악한다', '선진기관의 대응 사례를 듣는다', '당 부서의 과제에 대해 전문가의 의견을 얻는다'라는 세 가지의 참가 신청 이유를 추출할 수 있다.

이 결과를 시각화한 것이 [도표 5-8]이다. 제목을 밝히고, 기호와 간격을 활용했다. 이 문서라면 [도표 5-7] 문서에 비해 신청서를 결재하는 상대가 내용을 빠르고 정확하게 파악할 수 있을 것이다.

사외 연수 참가 신청서

인사부
연수부장 앞

신청일			
신청자			
연수명			
주최자			
일 정		숙박	유 · 무
비 용			
참가 신청 사유	이 사회에는 환자의 이름을 부르는 것이 보호법에 저촉된다는 사고와 혹은 저촉되지 않는다는 사고 등 의료기관의 개인 정보 보호에 대한 해석에 큰 차이가 있습니다. 애초에 해석의 폭은 어느 정도인지, 또한 개인 정보 보호 수준은 어느 정도가 적합한지 기준이 필요합니다. 당 세미나의 △△ 강사는 의료기관의 개인 정보 보호에 대한 일인자이므로 본 세미나에서 환자들의 요구를 포함한 의미 있는 정보를 입수할 수 있을 것입니다. 또한 이 세미나에는 공개 토론회도 있습니다. 대책을 마련하기 위해서는 타 병원의 개인 정보 보호에 대한 방침을 파악하는 것도 필요하지만, 공개 토론회에는 선진적인 시스템으로 정평이 나 있는 X 병원과 Y 의료법인이 패널로 나와 지금까지의 활동을 통해 얻은 교훈을 발표할 예정입니다. 게다가 현재 당 부서가 당면한 문제와 관련해서 전문가의 의견 이 필요한 상황입니다. 이번 세미나에는 질의응답 시간도 마련돼 있으므로 전문가의 의견을 들을 수 있는 좋은 기회가 될 것입니다. 이상과 같은 이유로 본 세미나에 참가하기를 희망합니다.		

포인트 다양한 다른 논점을 포함하는 문서를 명확하게 그룹핑하지 않으면 한눈에 쉽게 이해되는 비즈니스 문서를 작성할 수 없다. 문서 내용을 상대가 빠르고 확실하게 파악하기를 원할 때는 몇 가지의 어떤 사항을 담고 있는지 드러내자. 기본적으로 MECE와 So What?/Why So?로 내용을 정리하고 단락을 나눈 다음에, 제목을 붙이고 기호와 간격을 활용하도록 한다.

효율적인 사내 커뮤니케이션을 위해 규정 서식을 만드는 조직이 많다. 이때 [도표 5-8]처럼 시각화하는 방법을 서로 공유해야 한다. 그렇지 않으면 [도표 5-7]처럼 글이 장황해지거나, 내용이 복잡하고 산만해진다. 이런 문서를 보내면 수신자가 그 취지를 이해하는 데 시간이 걸려서 작업을 효율적으로 진행할 수 없다. 그러므로 조직에서는 문서 서식뿐 아니라, MECE와 So What?/Why So?의 사고방식으로 내용의 핵심을 정리하고 시각화해서 표현하는 접근법까지 공유해야 한다.

프레젠테이션 자료 응용

프레젠테이션용 도해 자료를 자주 만드는 사람도 있다. 이 장에서 다룬 시각화를 포함해서 로지컬 라이팅 접근법을 프레젠테이션 자료에 활용해보자. 이 로지컬 라이팅 접근법을 실천하는 것만으로 훨씬 쉽게 이해되는 자료와 설명을 만들 수 있다. [도표 5-9]는 로지컬 라이팅 접근법에 따라 베타사에 대한 보고서를 프레젠테이션 자료로 작성한 도입부다.

사외 연수 참가 신청서

인사부
연수부장 앞

신청일			
신청자			
연수명			
주최자			
일 정		숙 박	유 · 무
비 용			
참가 신청 사유	세 가지 관점에서 참가를 희망합니다. ● 현재의 트렌드 파악: 의료기관으로서 개인 정보 보호에 대한 해석이 아직 정비돼 있지 않기에, 어떻게 해석해야 할지 이해할 필요가 있습니다. △△ 강사는 의료기관의 개인 정보 보호에 대한 일인자로 환자의 요구 사항까지 포함해 효과적인 정보 입수가 가능합니다. ● 선진기관의 대응 사례 파악: 다른 기관의 개인 정보 보호 대책도 알아야 할 필요가 있습니다. 선진적인 시스템을 도입하고 있는 X 병원, Y 의료법인이 자신들의 대응 사례를 발표하는 공개 토론회에서 유익한 정보를 얻을 수 있다고 생각합니다. ● 당 부서의 과제에 대한 전문가 의견 파악: 현재 당 부서가 당면한 문제에 대해 전문가의 의견 청취가 필요한 상황이므로 이번 세미나에서 강사와 패널이 참가하는 질의응답 시간은 아주 좋은 기회라고 생각합니다.		

[도표 5-9] 프레젠테이션 자료를 이해하기 쉽게 만드는 세 가지 원칙

**베타사 파견 기술자의
능력 향상 대책에 대한 보고**

O년 O월 O일
와다 다로

본론으로 들어가기 전에 도입부, 목차, 요지를 넣는다.

머리말

- 기술자 파견업계에서 최근 활약이 두드러진 베타사의 기술자 능력 향상을 위한 대책 현황에 대한 조사 결과를 보고드리겠습니다.
- 베타사의 파견 분야는 당사와는 다르지만 높은 실적의 배경에는 파견 인재의 능력 향상을 위한 제도가 있어, 당사도 참고할 만한 점이 있다고 생각합니다.
- 다음 주 프로젝트 회의에서는 본 보고 내용을 염두에 두고 당사가 배워야 할 점을 논의하겠으니 사전에 읽고 오시길 바랍니다.
- 이 보고는 인재 파견업 분야에 정통한 △△증권 애널리스트 사토 씨와의 인터뷰를 근거로 작성한 것입니다. 또한 베타사의 실적 데이터를 마지막에 덧붙여 밝혔으니 참고하십시오.

목차

보고 내용의 요지
1. 의욕 향상 대책
   - 채용 단계
   - 육성 단계
   - 평가와 보상 단계
   - 독립 지원 단계
2. 기술 향상 대책
   - OJT
   - OFF-JT

베타사는 인재의 능력을 의욕과 기술 양면에서 파악해 각각의 향상에….

인재의 능력 향상
의욕의 향상:
개인의 성장을 위해 어떻게 동기를 부여하는가?

기술의 향상:
성장의 기회와 환경을 어떻게 마련해줄 것인가?

1. 의욕 향상 대책
채용부터 독립 지원에 이르는 간 단계마다 기술자에게 동기를 부여하는 체제가….

인재 육성의 단계와 의욕 향상을 위한 체제

채용 〉 육성 〉 평가 〉 독립

200

보고 내용의 요지
결론:
베타사는 의욕과 기술 양면에서 기술자의 능력 향상에 주력하고 있다… 기술을 OJT와 OFF-JT의 양 측면에서 기술자 전체로 이전하고 있다.
1. 의욕 향상 대책
독립 지향성이 강한 인재의 채용부터 상호 계발에 따른… 작용해 그 기술 향상 의욕을 고취시키고 있다.
2. 기술 향상 대책
팀 파견제와 고급 기술자의 기술을 체계화… 고급 기술자의 기술을 배울 기회를 제공하고 있다.

채용 시에는 명확한 네 가지 기준에 의거해….

베타사의 채용 기준

기준 1. ○○○	○○○○○○
기준 2. ×××	× × × × × ×
□□□	□ □ □ □ □ □

로지컬 라이팅 접근법의 세 가지 원칙 중 첫째는 표제 다음에 도입부를 넣는 것이다. 이것은 시각화 이전의 문제다. 도입부는 제4장에서 설명했듯이 '무엇에 대해, 무엇을 위해 전달하는가'를 중심으로 커뮤니케이션 설정을 설명하는 부분으로, '머리말', '프레젠테이션의 목적', '제안에 있어서' 등 다양하게 표현할 수 있다. 어떤 제목을 달든, 문서의 처음에는 반드시 도입부를 넣자. 도입부 없이 불쑥 본론에 해당하는 도해 데이터를 보여준다면 상대는 당혹스러울 것이다.

둘째는 목차를 넣는 것이다. 목차의 역할은 자료 전체의 구성을 짧은 분량으로 시각화하는 데 있다. 문장 형식의 자료라면 이를 읽는 사람은 자료를 한 장 한 장 넘기면서 중간 제목에서 구성을 파악할 수 있지만 분량이 많은 도해 자료에서는 중간 제목을 한눈에 보기 어렵다. 그러므로 목차를 반드시 넣어야 하며 목차와 도입부의 순서는 바뀌어도 상관없다.

[도표 5-9]의 목차는 장의 제목과 중간 제목을 보여준다. 목차에 도표의 제목까지 넣는 문서도 있는데, 이런 목차는 너무 상세해서 오히려 문서를 읽는 사람이 전체 구성을 파악하기 어렵게 한다.

셋째는 요지를 명시한 지면을 넣는 것이다. 요지란 도해 데이터로 설명하는 본론의 결론과 그 결론을 직접 뒷받침하는 근거를 묶은 것이다. 제3장에서 설명했듯 본론을 하나의 논리 유형으로 구성할 때 요지는 논리 유형의 결론과 두 번째 단의 요소다(도표 3-18). 본론을 여러 논리 유형으로 구성하면 전체의 결론과 각 논리 유형의 결론을 묶은 것이 요지가 된다(도표 3-23). [도표 5-9]에는 '보고 내용의 요지'에 [도표

3-15]에서 보여준 논리 유형의 결론과 두 번째 단의 요소가 정리돼 있으며, 이것이 프레젠테이션의 핵심이다.

최근에는 고객에게 제안서를 제출할 때나 공모 경쟁 입찰을 할 때 사전에 서류를 심사하는 사례가 많다. 사내 문서도 그렇지만 중요한 안건일수록 상대는 프레젠테이션 후에 자료를 확인한다. 더욱이 프레젠테이션에 참가하지 않았던 사람에게까지 자료가 전달되기도 한다. 20~30쪽이나 되는 분량의 문서에서 검토자가 요지를 정확하게 So What?해서 이해하기란 쉽지 않다. 이에 비해 문서 작성자가 핵심 내용을 시각화해 한 면에 담으면 상대는 그 문서를 신속하고 정확하게 이해할 수 있다. 프레젠테이션을 할 때는 핵심 내용이 정리된 부분을 설명할 필요는 없다. 도입부와 목차를 설명하고 나서 도해 데이터를 설명하면 된다.

다시 정리해보겠다. 자료의 첫머리에 도입부, 목차, 요지를 넣는다. 이때 본론의 구성과 요지를 시각화해 함께 보여준다. 프레젠테이션이라는 커뮤니케이션 수단은 널리 사용되고 있지만 도입부, 목차, 요지의 삼박자를 모두 갖춘 자료는 그리 많지 않다. 세 가지 원칙을 반드시 기억하길 바란다.

제6장

메시지의
문장 표현

이번 장에서는 로지컬 라이팅을 총정리하는 차원에서 문장 표현에 대해 생각해보자. 사람들에게 "비즈니스 문서의 문장 표현에서 중요한 점이 무엇이냐?"고 물으면 "간결함."이라는 대답을 가장 많이 한다. 확실히 간결함은 중요한 요소지만 짧게 쓰는 데 주력하다 보면 자칫 설명이 부족해질 수 있다. 그러나 읽었을 때 '대체 무슨 뜻이지?' 하고 의아해지는 문서를 작성해서는 안 된다.

그리고 어떤 사람들은 유행하는 경제 용어나 외국어를 남발하며 자신이 멋있는 말을 사용하고 있다고 착각한다. 아무리 근사한 표현을 사용한들 과연 문서를 읽는 사람이 의미 파악을 제대로 못 한다면 무슨 소용이 있겠는가.

쓰는 사람은 전달하고 싶은 내용을 읽는 사람이 정확하고 신속하게 이해할 수 있도록 표현해야 한다. 이것이 비즈니스 문서의 문장 표현에서 가장 중요한 점이다. 그런 문장 표현이 가능하면 말로도 활용할 수 있다. 이제부터 전달하고 싶은 내용을 상대가 정확하고 신속하게 이해하도록 하는 구체적인 방법을 알아보자.

1. 비즈니스 문서에서 중요한 세 가지 요건을 이해한다

쓰는 사람이 전달하고 싶은 내용을 읽는 사람이 정확하고 신속하게 이해하도록 표현하기 위한 세 가지 요건을 살펴보자.

요건 1. 구체적으로 표현한다

사람들은 비즈니스 문서를 작성할 때 무조건 짧게 표현해야 한다고 생각하는 경향이 있다. 물론 간결한 표현이 중요하지만 단순히 너무 짧게 표현하다 보면, 추상적이고 일반적인 표현으로 일관하게 되고 결국 전달하고자 하는 요점이 흐려지고 만다. 문서 작성자가 전달하려는 내용을 읽는 사람이 고스란히 이해할 수 있도록 구체적으로 표현하는 것이 무엇보다 중요하다.

요건 2. 논리적 관계를 바르게 표현한다

문서 작성 시, 상대가 이해하기 쉽게 표현하려면 내용의 논리적 관계를

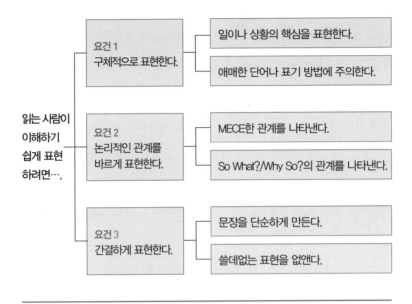

바르게 표시해야 한다. 논리적 사고로 요소 A와 요소 B를 MECE에 맞게 구성했다고 해도 막상 읽는 사람이 MECE로 파악하지 못한다면 아무 소용이 없다. 그러므로 읽는 사람이 내용의 논리적 관계를 쉽게 파악하도록 표현하기 위해 애써야 한다.

요건 3. 간결하게 표현한다

비즈니스 문서에서는 아무리 구체적이고 논리적인 관계를 바르게 보여주어도, 읽는 사람이 뜻을 파악하는 데 시간이 걸리는 복잡하고 장황한 표현을 사용해서는 안 된다. 가뜩이나 바쁜 문서 수신자가 내용을 즉시 파악할 수 있도록 반드시 간결한 표현으로 정리해야 한다.

이번 장에서는 필자가 매일 다양한 비즈니스 문서를 에디팅하며 특히 중요하다고 생각하는 점들을 [도표 6-1]처럼 두 가지씩 다룰 것이다.

그리고 착안점마다 잘못된 사례와 그 개선 사례를 대비해가며 살펴보겠다. 잘못된 사례는 비즈니스 상황에서 많은 사람이 빠지기 쉬운 함정으로, 이해하기 어려운 표현의 전형적인 예를 제시한 예시문이다. 여기서는 그것을 알기 쉬운 문장 표현으로 고치기 위한 힌트를 알려준 뒤, 개선 사례를 통해 알기 쉽게 표현하기 위한 처방전을 공유하고자 한다.

당신도 개선의 힌트를 실마리로 삼아 잘못된 문서 작성의 사례를 자신만의 방식으로 첨삭하면서 읽어보기 바란다.

2. 요건 1: 구체적으로 표현한다

에디팅 서비스를 할 때는 표현에 구체성이 떨어지는 글에 가장 손이 많이 간다. 추상적이고 일반적인 문장으로 캐치프레이즈만 나열한 글은 몇 번씩 읽어도 요점을 확실하게 파악하기 힘들다.

문서로 커뮤니케이션을 할 때는 문서를 읽다가 무슨 뜻인지 궁금해도 대부분 작성자에게 물어볼 수가 없다. 의미를 파악하려 애쓰다가 결국 "도저히 무슨 말인지 모르겠군!"라면서 문서에 대해 더 생각조차 하지 않을 수도 있다. 이렇게 되면 작성자의 노력이 물거품이 된다. 따라서 작성자는 다른 사람들이 문서 작성의 의도를 확실하게 파악할 수 있도록 구체적으로 표현해야 한다.

사실 글을 쓸 때는 구체적으로 써야 한다는 말은 귀에 못이 박히도록 들었을 것이다. 그러려면 사안의 핵심을 표현해야 하고, 애매한 표현이나 표기 방법에 주의해야 한다.

사안의 핵심을 표현한다

'신제품 A의 프로모션은 실패로 돌아갔다'는 표현과 '신제품 A의 프로모션 수익률이 목표치의 5퍼센트를 밑돌았다'라는 표현이 있다. 이 표현들을 비교해보면 당연히 후자가 구체적이다. 실패의 내용을 기술했기 때문이다. 이렇듯 비즈니스 문서에서는 상황의 핵심 내용을 표현하는 것이 중요하다.

이제 비즈니스 문서에서 자주 활용되지만 핵심 내용을 표현할 때 실패하기 쉬운 사례들을 '변화, 대책, 부대조건, 판단 기준'이라는 기준에서 알아보자.

변화의 내용을 표현한다

잘못된 사례 1

> **손목시계의 수요 상황**
>
> 1. 젊은 층에서는 라이프 스타일의 변화에 따라 손목시계의 신규 구매와 대체 구매의 수요가 모두 정체됐다.
> 2. 중장년 비즈니스맨 층에서는 상여금이나 잔업 수당의 삭감에 따라 수입이 감소해 손목시계의 대체 구매 수요가 축소됐다.

힌트 '1. 젊은 층에서는…'의 문장에 주목하자. 언뜻 그럴듯하지만 왜 젊은 층에서 손목시계의 수요가 정체됐는지를 확실하게 이해할 수 있는가.

'라이프 스타일의 변화'가 젊은 층의 손목시계 수요를 침체시키고 있다지만, 중요한 것은 그 변화의 내용이다. 라이프 스타일의 변화라는 표현만으로는 아무것도 설명하지 않은 것과 다름없다. 젊은 층이 손목시계를 차고 다니지 않게 된 배경을 설명할 필요가 있다.

개선 사례 1

> **손목시계의 수요 상황**
>
> 1. 젊은 층에서는 휴대전화의 보급에 따라 휴대전화가 손목시계 기능을 겸하게 되어 손목시계를 소유하지 않는 층이 확대되고 있다. 이로써 손목시계의 신규 구매와 대체 구매의 수요 모두 정체됐다.

2. 중장년 비즈니스맨 층에서는 상여금이나 잔업수당 삭감에 따라 수입이 감소해 손목시계의 대체 구매 수요가 축소됐다.

해설 개선 사례에서는 생활 변화의 내용을 '휴대전화의 보급에 따라 휴대전화가 손목시계 기능을 겸하게 되어 손목시계를 소유하지 않는 층이 확대되고 있다'라고 명시하고 있다. 휴대전화의 보급 이전과 보급 이후인 현재는 손목시계의 기능에 대한 요구가 변화한 것이다.

비즈니스 문서에서는 시장 환경의 변화, 고개의 니즈 변화, 업계 구조의 변화 등 '변화'를 설명해야 하는 경우가 많다. 변화를 구체적으로 표현하려면 무엇이 무엇에서 무엇으로 변화하는지 또는 변화했는지, 읽는 사람이 변화의 전후를 인식할 수 있도록 작성해야 한다. 이를테면 '고객의 니즈 변화'라는 말도 자주 접하는데, 고객의 무엇에 대한 요구가 무엇에서 무엇으로 바뀌었는지를 밝힐 필요가 있다. 이행, 추이, 전환에 대한 설명도 마찬가지다. 변화의 전후를 읽는 사람에게 제시하도록 한다.

대책의 내용을 표현한다

잘못된 사례 2

Z사에서는 대표번호 상담원의 전화 응대에 대한 고객의 불만이 늘어나고 있다. 다음은 총무 담당자가 사태를 해결하기 위한 대책을 작성한 내용이다.

전화 응대 상황 개선을 위한 대책

1. 매뉴얼을 작성하고 이를 철저히 따르도록 한다.
2. 직통 전화를 더욱 활용한다.
3. 전화 문의가 가장 많은 시간대의 대응을 강화한다.

힌트 당신이 이 대책의 실무 담당자라고 하자. 상세한 실행 계획을 만든다고 할 때 이 문서로 전체적인 대책의 내용을 알 수 있는가.

우선 매뉴얼을 만들어 무엇을 철저히 한다는 것일까. 어떻게 하면 직통 전화를 더욱 활용할 수 있을까. 전화 문의가 가장 많은 시간대에 무엇을 어떻게 대응한다는 것일까. 실행자든 의사 결정자든 이 대책에 관련된 당사자라면 누구나 이런 질문을 떠올릴 것이다. 그러나 이 질문에 대한 설명이 문서에는 전혀 나와 있지 않다. 따라서 행과 단어 사이에 생략된 설명을 넣어 보완해야 한다.

개선 사례 2

전화 응대 상황 개선을 위한 대책

1. 매뉴얼을 작성하고 대표번호 상담원이 사내 업무와 그 담당 부서에 대해 철저히 이해하도록 교육한다.
2. 사내 각 부서에서 고객과 거래처에게 직통 전화를 적극적으로 이용해줄 것을 부탁하도록, 각 부서에 협조를 요청한다.
3. 대표번호 상담원이 겸하는 접수 업무가 몰리는 시간대에 지원 요원을 확보한다.

해설 개선 사례에는 잘못된 사례에서 생략됐던 설명이 추가됐다. '매뉴얼을 작성해서 대표번호 상담원에게 사내 업무와 그 담당 부서에 대해 교육을 시킨다. 그리고 직통 전화의 활용을 촉구하기 위해 총무부는 각 부서에 요청해, 부서별로 직접 거래처에 의뢰하도록 한다. 마지막으로 전화 문의가 몰리는 시간대에 지원 인원을 확보한다'는 것이다. 글을 쓰는 사람은 분명하게 알고 있는 사실이라도, 최소한 이 정도로 설명하지 않으면 다른 사람들은 어떤 대책인지 확실하게 이해할 수 없다.

대책을 설명할 때는 '누가 무엇을 어떻게 할 것인지'를 분명하게 드러내자. 대책에 대한 설명을 이해하기 어렵다면, 특히 '무엇을'이 충분하게 설명되지 않은 경우가 많으니 주의하자.

부대조건의 내용을 표현한다

잘못된 사례 3

다음은 생산 설비의 증강을 검토 중인 제조사의 생산 부문 담당자가 신공장의 생산 라인에 대해 작성한 보고서의 일부다.

제품 A와 제품 B의 생산 라인 배치에 대한 제안

- 이번에 설계할 신공장에서는 제품 A와 제품 B의 생산 라인을 공용으로 하고 제1구역에 배치한다.
- 단, 앞으로의 시장 동향에 따라 제품 B의 생산 라인을 제2구역으로 이전해서 보강한다.

힌트 두 번째 항목의 '앞으로의 시장 동향에 따라서…' 부분에 주목하자. '기본적으로는 A이지만 <u>경우에 따라서는</u> B', '원칙은 A이지만 <u>상황에 따라</u> B'라는 문구에서 밑줄 친 대목을 부대조건이라고 한다. 사례에서는 '앞으로의 시장 동향에 따라서…'가 부대조건이다.

이 사례에는 시장 동향이 어떻게 바뀌면 제품 B의 생산 라인을 제2구역으로 옮겨 보강할 수 있는지가 확실하게 드러나 있지 않다. 이대로라면 문서를 읽는 사람들 중에는 글쓴이의 의도를 전혀 짐작하지 못하거나, 자신이 편할 대로 해석하는 이도 있을 것이다. 따라서 문서를 작성할 때는 자신이 의도하는 시장 동향의 내용을 정확하게 표현해야 한다.

개선 사례 3

제품 A와 제품 B의 생산 라인 배치에 대한 제안

- 이번에 설계할 신공장에서는 제품 A와 제품 B의 생산라인을 공용으로 하고 제1구역에 배치한다.
- 단, <u>제품 B의 연간 생산량은 앞으로 수요 확대가 예상되므로 ○○만 개 이상이 될 경우는</u> 제품 B의 생산 라인을 제2구역으로 이전한다.

해설 개선 사례에서는 밑줄 친 대목에서 부대조건을 설명하고 있다. 이렇게 표현하면 어떤 경우에 제품 B의 생산 라인을 이전할지 기준을 확실하게 알 수 있다. 개선 사례에서는 부대조건을 '○○만 개 이상이 될 경우'라고 수치로 밝혔는데, 물론 정량적 표기만 가능한 것은 아니다.

가령 '제품 B의 OEM(주문자 상표 부착 방식) 생산이 결정될 경우' 등 정성적으로 설명할 수도 있다.

비즈니스 문서에서는 부대조건을 명시해야 할 때가 많다. 쓰는 사람이 생각하는 부대조건과 읽는 사람의 해석이 일치하도록 정확히 표현하자.

판단 기준의 내용을 표현한다

잘못된 사례 4
자료 X를 공급하는 제조사의 영업기획 담당자가 고객 기업의 공급자 선정 상황에 대해 작성한 보고서의 일부다.

> 자료 X의 공급자 선정 기준은 세 가지고, 품질과 가격의 적절한 균형, 사양 변경, 리스크 대응이다. 이 기준으로 당사 제품과 각 경쟁사의 제품을 비교하면 당사는 사양 변경 면에서 경쟁력이 떨어진다.
> - 품질과 가격의 균형: …
> - 사양 변경: …
> - 리스크 대응: …

힌트 첫머리의 두 줄을 살펴보자. 자료 X의 공급자 선정 기준으로 '품질과 가격의 적절한 균형, 사양 변경, 리스크 대응'을 들고 있다.

품질과 가격은 두 요소의 균형이 좋으면 고객의 선정 기준을 만족시킨다는 점을 금세 이해할 수 있다. 그러면 사양 변경과 리스크 대응은 어떨까. 자료 X의 사양 변경에 대해 무엇이 어떻게 되면 선정된다는 것일까. 또한 제조사 입장에서는 어떤 리스크 대응력이 필요할까.

현황 설명 중에서 누락된 점들을 보충한 개선 사례를 살펴보자.

개선 사례 4

> 자료 X의 공급자 선정 기준은 품질과 가격의 적절한 균형, 사양 변경에 대한 탁월한 유연성, 안정적 공급에 따른 높은 리스크 대응력이다. 이 세 가지 기준으로 당사 제품과 각 경쟁사의 제품을 비교하면 당사는 사양 변경에 대한 유연성이 뒤떨어진다.
> * 품질과 가격의 균형: …
> * 사양 변경에 대한 유연성: …
> * 안정적 공급에 따른 높은 리스크 대응력: …

해설 개선 사례에서는 '품질과 가격의 적절한 균형'에 맞춰, '사양 변경'은 '사양 변경에 대한 탁월한 유연성'으로, '리스크 대응'은 '안정적 공급에 따른 높은 리스크 대응력'으로 표현했다. 이렇게 설명하면 세 가지 기준을 구체적으로 이해할 수 있다.

비즈니스에서는 판단을 설명하는 일이 많다. 애초에 무엇이 판단 기준인지를 확실히 전달하는 것이 기본 전제 조건이다. 전달자라면 '사양 변경, 리스크 대응'이 아니라, '사양 변경에 대한 탁월한 유연성, 안정적 공급에 따른 높은 리스크 대응력'처럼 그 항목이 어떻게 돼야 바람직한 상황인지까지 설명하도록 한다. 그래야 읽는 사람과 기준 내용을 구체적으로 공유할 수 있다.

애매한 단어나 표기 방법에 주의한다

구체적으로 표현할 때는 사안의 핵심을 드러내야 한다. 동시에 애매하
게 명시하기 쉬운 특정한 단어나 표기 방법에 주의해야 한다. 비즈니
스 문서에서 흔히 볼 수 있지만 특히 주의할 단어와 표기 방법을 살펴
보겠다.

사람에 따라 다르게 해석할 수 있는 단어에 주의한다

잘못된 사례 5

다음은 인사 제도 변경에 대해 전 사원에게 배포할 설명용 팸플릿의 일
부다.

> 당사는 리스트럭처링restructuring으로 진정한 기업 가치 경영을 추진하고 있다.
> 이번에 시행할 새로운 인사 제도는 이런 기업 가치 경영을 촉진하기 위한 단행
> 이며 MBO 도입을 주축으로 삼고 있다.
> 인사부에서는 각 부서장을 대상으로 새로운 인사 체계의 취지를 충분히 알리고
> 자 설명회를 실시한다. 상세한 내용은….

힌트 리스트럭처링, 진정한 기업 가치 경영, 인사제도와 인사 체계,
MBO 등 얼핏 그럴듯한 비즈니스 전문 용어가 나열돼 있다.

그러나 이 문서를 읽는 사람들은 이런 용어가 전체의 문맥에서 어떤 의미인지 확실히 이해할 수 있을까. 리스트럭처링을 '정리 해고'로 인식하는 사람도 있고, 더 넓은 의미로 받아들여 '사업의 재구성'이라고 인식하는 사람도 있을 것이다. 그리고 '진정한 기업 가치 경영'에서 '진정한'은 어떤 의미로 쓰인 걸까. 인사 제도와 인사 체계의 차이는 무엇인가. 여기서 말하는 MBO는 어떤 단어의 약자일까. 직원들은 이 문서를 읽고 무슨 뜻인지 바로 이해할 수 있을까.

해당 문서는 문서 작성자의 의도와 달리, 읽는 사람이 다르게 이해하거나 아예 의미를 알지 못해 당황해할 여지가 있는 용어들이 많다. 이런 애매한 표현을 되도록 배제하려면 문서를 어떻게 고쳐야 할까.

개선 사례 5

> 당사는 단순한 경영 지표의 도입에 그치지 않고, 사업 구성을 재점검함으로써 기업 가치의 최대화를 도모하는 경영을 추진하고 있다. 현재 정비 중인 새로운 인사 제도에서는 이 기업 가치 경영을 촉진하기 위해 개인의 목표를 설정하고 달성 상황을 평가하는 목표 관리 제도MBO: Management by Objectives를 도입하고자 한다. 인사부에서는 각 부서장 여러분에게 새로운 인사 제도의 취지를 충분히 전달하기 위해 설명회를 실시한다. 상세한 내용은….

해설 개선 사례에서는 리스트럭처링을 '사업 구성의 재점검'으로 표현했다. 또한 쓰는 사람이 생각하는 '진정한 기업 가치 경영'이라는 개념을 '단순한 경영 지표의 도입에 그치지 않고, 사업 구성을 재점검함으로써 기

업 가치의 최대화를 도모하는 경영'이라고 설명했다. 더불어 MBO의
의미를 밝히고 인사 체계는 인사 제도로 통일했다.

'진정한 기업 가치 경영'과 같은 추상적인 개념과 '리스트럭처링'처럼
사용하는 사람이나 조직, 혹은 문맥에 따라 다른 의미로 해석될 수 있
는 단어는 처음 사용할 때 의미를 명확히 밝혀두자.

비즈니스 문서에는 외국어의 약자나 영어 어구가 많이 나온다. 읽는
사람이 이해하기 어려울 것 같은 단어가 있다면 그 단어가 처음 등장할
때 어원을 포함해 정의해주는 것이 좋다.

또한 '인사 제도', '인사 체계' 등 비슷하지만 다른 단어도 있다. 읽는
사람은 대부분 단어가 다르면 의미하는 내용도 다르다고 생각한다. 문
서 안에서 주축이 되는 개념을 언뜻 비슷하지만 다른 단어로 사용하면
읽는 사람은 헷갈릴 수밖에 없다. 비슷해 보이는 다른 단어를 한 문서
에서 각각 다른 의미로 사용하려면 의미를 정의해야 한다. 그리고 아예
같은 의미라면 둘 중 하나로 통일하라.

체언형 종결에 주의한다

잘못된 사례 6

어떤 기업의 마케팅 담당자가 자사 상품 X의 마케팅 현황에 대해 정리
한 사내 회의용 자료의 일부다.

상품 X의 마케팅 현황

● 상품: 통일감 결여
● 가격: 비싼 편
● 유통: 푸시 전략의 실패
● 촉진 전략: 정가 판매 부진의 악순환

힌트 예를 들어, 서술형으로 종결되는 문장이란 '상품 선택 기준이 다양화됐다', '중점 고객의 범위를 좁힌다' 등을 가리킨다. 이 문장들을 체언으로 종결되게 바꾸면 '상품 선택 기준의 다양화', '중점 고객의 범위 축소'가 된다. 비즈니스 문서에서는 이처럼 체언으로 종결되는 문장이 빈번히 등장한다.

사례로 든 문서에서는 체언으로 종결되는 네 가지 항목이 마케팅 현황이다. 그런데 읽는 사람에게 현황을 이해시키려면 무엇이 어떻게 됐는지를 확실하게 전달해야 하는데, 과연 이 상태로 과연 전달이 제대로 될까.

문서에는 '상품: 통일감 결여'라고 돼 있는데 상품의 <u>어떤 점에</u> 통일감이 없는 것일까. '가격: 비싼 편'이라는 표현에서는 비교 대상이 경쟁 상품이겠지만 <u>어느 정도로</u> 비싼지 알 수 없다. '유통: 푸시 전략 실패'는 '<u>무엇이 어떻게 돼 있는</u>' 상태를 실패라고 지적한 것일까. '촉진 전략: 정가 판매 부진의 악순환'에서 말하는 악순환은 무엇이 기점이고 무엇으로 귀결하는가. 이런 점들을 구체적으로 설명해야 한다.

개선 사례 6-1

상품 X의 마케팅 현황

- 상품: 상품 구색의 통일감 결여
- 가격: 경쟁사에 비해 두 배 정도 높은 가격 설정
- 유통: 푸시 전략에 따른 단골 고객의 이탈 현상
- 촉진 전략: 정가 판매 부진 대책인 할인 판매가 상품의 이미지를 떨어뜨려 정가 판매의 부진이 한층 심화되는 악순환 발생

해설 개선 사례 6-1처럼 문서를 작성하면, 이를 읽는 사람은 상품 X의 마케팅 현황을 구체적으로 이해할 수 있다. 체언으로 종결되는 문장으로 문서를 작성할 때는 키워드의 나열로 일관하기 쉽기 때문에 주의가 필요하다. 단순한 단어의 나열로는 무엇이 어떻게 돼 있는지를 파악하기 어렵기 때문이다.

문장을 체언으로 종결하면서도 대책을 설명할 수도 있다. '상품 X의 촉진 전략 점검', '상품 X의 판매 매뉴얼 개정' 등이 그 예다. 이런 경우에는 앞서 '사안의 핵심을 표현한다' 항목에서 설명했듯이 누가 무엇을 어떻게 할 것인가를 명시해야 한다.

개선 사례 6-1을 더 다듬어 개선 사례 6-2처럼 바꾸면 상품 X의 마케팅 현황을 보다 구체적으로 전달할 수 있다. 개선 사례 6-2는 개선 사례 6-1에서 '무엇이 왜 어떻게 됐는가'의 '왜'를 추가한 것이다. 이렇게 하면 상황이 더욱 명확히 전달된다. 그리고 문장 종결은 서술형으로 하는 편이 더 명료할 때가 있다는 점을 기억하자.

개선 사례 6-2

부정형으로 끝나는 표현에 주의한다

잘못된 사례 7

다음은 어떤 보고서의 일부다.

당사의 항알레르기제 Y는 시장 진출 이래 수많은 꽃가루 알레르기 환자에게 호평을 받았다. 하지만 꽃가루 알레르기로 고생하는 환자가 원하는 것은 이제 효능뿐만이 아니다. 이 점에 주목해 당 마케팅부에서는 제품 Y의 홍보 메시지 재검토에 착수하기로 한다. 우선….

힌트 첫머리에 '하지만 꽃가루 알레르기로 고생하는 환자가 원하는 것은 이제 효능뿐만이 아니다'라고 돼 있다. 밑줄 친 대목은 설명이 부정형이다. 그렇다면 꽃가루 알레르기 환자는 항알레르기제에 대한 효능

222

뿐 아니라 무엇을 원하게 됐을까. 이 점이야말로 제품 Y의 홍보 메시지를 재검토하는 핵심이지만 보고서에는 언급돼 있지 않다. 효능 외에 환자가 원하는 것을 밝혀야 문서는 구체성을 갖출 것이다.

개선 사례 7

> 당사의 항알레르기제 Y는 시장 진출 이래 수많은 꽃가루 알레르기 환자에게 호평을 받아왔다. 하지만 꽃가루 알레르기로 고생하는 환자가 항알레르기제에 원하는 것은 이제 효능뿐만이 아니다. 졸음 부작용 경감과 하루 복용 횟수 감소라는 편의성도 중요시하고 있다. 이 점에 주목해 당 마케팅부에서는 제품 Y의 홍보 메시지 재검토에 착수하기로 한다. 우선….

해설 개선 사례에서는 꽃가루 알레르기 환자들은 항알레르기제에 대해 효능뿐만 아니라, 부작용 경감과 복용 횟수 감소도 중요시하게 됐다는 사실이 표현됐다.

문서에 'Y는 A가 아니다'라고 써 있으면 읽는 사람은 '그렇다면 Y는 무엇인가. B인가 아니면 C인가' 하는 의문을 품기 마련이다. 그러므로 문서를 작성할 때 'Y는 A가 아니다'라는 부정형 설명을 쓰게 된다면 'Y는 B이다', 'Y는 C이다' 같은 긍정형으로 바꿀 수 있는지를 생각해보자. 만약 긍정형으로 바꾸는 게 가능하다면 읽는 사람이 Y에 대해 더 구체적인 이미지를 떠올릴 수 있다. 물론 'Y는 A가 아니다'라는 결론 말고는 판명된 것이 없는 사안도 있다. 그럴 때는 'Y는 A가 아니다'라고 설명하는 것 자체에 의미가 있다.

3. 요건 2: 논리적 관계를 바르게 표현한다

논리적 관계는 여러 설명 재료를 MECE와 So What?/Why So?라는 두 가지 사고 방법으로 정리해서 만들어간다. MECE와 So What?/Why So?에 대해서는 제2장을 참조하고, 여기서는 간단히 복습해보자.

MECE는 어떤 복수의 상황이나 정보를 중복, 누락, 혼재가 없는 그룹으로 나누는 사고방식이다. So What?/Why So?는 '요컨대 어떻다는 말인가?'라는 핵심을 정확하게 이끌어내는 사고방식이다. 수집한 정보 전체, MECE하게 그룹으로 나눈 요소 가운데 답변해야 하는 질문에 비추었을 때 알 수 있는 핵심을 이끌어내는 것을 So What?한다고 한다. 그리고 So What?한 요소가 수집한 정보 전체, 혹은 그룹화한 요소에서 알 수 있는 내용을 검증하는 것을 Why So?한다고 한다.

[도표 6-2]는 어떤 질문에 대한 답변을 논리적으로 구성한 것이다. 요소 X가 답변의 핵심이 되는 결론이다. 요소 X와 요소 A, B, C 사이에는 So What?/Why So?의 관계가 성립한다. X는 A, B, C라는 세 가지 정보를 묶어서 So What?해 질문의 답변이 되도록 핵심 내용을 추출한 것이며, 동시에 X는 A, B, C에서 이끌려 나왔다는 것이 검증 완료됐다. 그리고 A, B, C는 MECE로 나누어진다.

[도표 6-2]처럼 논리적 관계가 되도록 구성한 다양한 요소를 밝힐 때는 문장 표현에서도 So What?/Why So?의 관계 또는 MECE한 관계가 되게 해야 한다. 다음으로는 논리적 관계를 바르게 표현하기 위한 체크 포인트를 살펴보자.

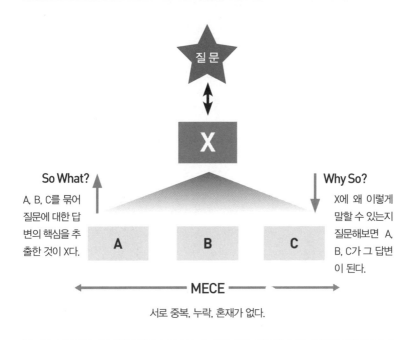

[도표 6-2] 논리적 관계란?

질문

X

So What?
A, B, C를 묶어 질문에 대한 답변의 핵심을 추출한 것이 X다.

Why So?
X에 왜 이렇게 말할 수 있는지 질문해보면 A, B, C가 그 답변이 된다.

A   B   C

◀──── MECE ────▶

서로 중복, 누락, 혼재가 없다.

MECE 관계를 드러낸다

MECE한 관계를 나타낼 때는 [도표 6-2]처럼 A, B, C라는 병렬 요소를 중복, 누락, 혼재 없이 나누는 것이 중요하다. 제5장 '구성의 시각화'에서 언급한 제목, 기호, 간격을 활용하고, 설명의 기준을 첫머리에 나타내자. 그런 뒤에 이제 소개할 문장 표현의 핵심을 반영하면 MECE한 기준을 더욱 효과적으로 드러낼 수 있다.

병렬 요소의 표기를 통일한다

잘못된 사례 8

다음은 C사의 시니어층을 대상으로 한 스포츠웨어 사업의 문제점을 세 가지 관점으로 정리한 문서에 붙인 소제목이다.

> 시니어층을 대상으로 한 스포츠웨어 사업의 문제점
> ① 타깃 고객층의 공략 부진
> ② 높은 생산 원가
> ③ 판매

힌트 사례의 소제목 아래에 설명할 문제점은 MECE로 나눌 것을 전제로 한다. 이때 소제목이 적절하게 표현돼 있는지 살펴보자. 세 가지 소제목은 병렬 관계에 있지만 서로 성격이 다르다. ①과 ②는 문제점을 언급하고 있는 데 비해, ③은 문제점이 있는 부분을 표시하고 있다.

병렬된 소제목끼리 성격을 맞추지 않으면 상호 관계성을 파악하기 힘들다. 세 가지 소제목을 어떻게 맞추면 좋을까.

개선 사례 8-1

> 시니어층을 대상으로 한 스포츠웨어 사업의 문제점
> ① 상품기획 면
> ② 생산 면
> ③ 판매 면

개선 사례 8-2

해설 MECE의 프레임워크 중 하나로 사업 구조를 기점부터 종점까지 단계별로 나누어 인식하는 비즈니스 시스템이라는 사고방식이 있다. 이에 대해서는 제2장에서 다뤘다. 문서 작성자는 이 방식을 활용해 사업의 문제점을 '상품 기획, 생산, 판매'라는 사업 기능별로 정리했다.

개선 사례로는 두 가지가 있다. 개선 사례 8-1은 잘못된 사례 8의 ①과 ②를 ③에 맞춰 사업 기능 자체를 제목으로 삼았다. 개선 사례 8-2는 잘못된 사례 8의 ①과 ②를 살리고 거기에 ③을 맞춰 각 기능의 문제점 자체를 제목으로 삼았다. 이렇게 하면 병렬된 내용에 통일성도 있고 항목들 사이의 관계를 파악하기도 쉽다.

제목은 제5장에서 구성을 명시하는 도구라는 관점으로 다뤘으니 참고하길 바란다. 개선 사례 8-1처럼 설명 항목만을 나타내는 것을 항목형 중간 제목이라고 하고, 개선 사례 8-2처럼 설명의 내용을 나타내는 것을 So What?형 중간 제목이라고 한다. 병렬로 제목을 표기할 경우에는 항목형과 So What?형을 혼합해 사용하지 않도록 주의하자.

접속사에 의존하지 말고 기준을 드러낸다

잘못된 사례 9

산업재 X의 제조사인 델타사는 A국 시장에 진출했다. 다음은 A국 시장에서의 경쟁사 현황의 개요를 정리한 것이다.

> **A국 시장에서의 경쟁사 현황 개요**
>
> - A국 시장은 델타사 외에도 크고 작은 다수의 현지 제조사가 경쟁하고 있는 혼잡한 시장이다. 하지만 주요 대기업 고객이 원하는 품질과 유연한 사양 변경에 대한 조건을 충족할 수 있는 회사는 델타사뿐이다. 따라서 현재 A국 시장은 델타사에게 판매자 우위 시장이다.
> - 또한 일본 내의 X업계는 피폐한 상태이므로 A국 시장에 일본의 경쟁 제조사가 신규 진입할 가능성은 낮다. 동시에 현지 제조사와 델타사의 기술력에는 상당한 격차가 있기 때문에 델타사가 판매자 우위를 차지하는 상황은 앞으로도 계속될 것으로 전망된다.

힌트 A국 시장의 경쟁사에 대한 서술은 두 항목으로 구분돼 있다. 항목들은 '또한'이라는 접속사로 연결돼 있지만, 이대로라면 문서를 읽는 사람 입장에서는 각 항목의 서술 내용이 A국 시장의 경쟁사 현황을 어떤 기준으로 설명하고 있는지를 이해하기가 어렵다.

어떻게 바꿔야 설명의 기준을 명시할 수 있을까.

개선 사례 9

A국 시장에서의 경쟁사 현황 개요

● 현재 A국 시장은 델타사 외에도 크고 작은 다수의 현지 제조사가 경쟁하고 있
는 혼잡한 시장이다. 하지만 주요 대기업 고객이 원하는 품질과 유연한 사양
변경에 대한 조건을 충족할 수 있는 회사는 델타사뿐이다. 따라서 현재 A국
시장은 델타사에게 판매자 우위 시장이다.

● 앞으로의 A국 시장을 전망하면 일본 내 X업계가 피폐한 상황이라 일본계 경
쟁 제조사가 A국 시장에 신규 진출할 가능성은 낮다. 게다가 현지 제조사는
기술력 면에서 델타사에 크게 뒤떨어진다. 따라서 델타사가 판매자 우위를 차
지하는 상황이 계속될 것으로 전망된다.

해설 두 가지 설명은 A국 시장의 경쟁 상황을 MECE에 맞춰 '현재'와 '이
후' 단계로 나눈 것이다. 그래서 개선 사례는 '현재 A국 시장은', '앞으로
의 A국 시장을 전망하면'이라는 설명의 기준을 각 서술 내용의 첫머리
에 밝혔다. 첫머리에 설명의 기준을 명시하는 구체적인 방법은 제5장
의 '구성의 시각화' 포인트 3에 제시했으니 참고 바란다.

문서를 작성할 때 접속사에 지나치게 의존하는 것을 경계해야 한다.
접속사는 때로 설명의 기준을 첫머리에 명시하는 것을 방해하는 함정
이 되므로 유의할 필요가 있다. 특히 잘못된 사례에도 등장하는 '또한'
에 주의하자. 무의식중에 쉽게 사용하지만 '또한'에는 병립의 의미뿐만
아니라 첨가의 의미도 있다.

'또한'이라고 쓸 때는 그 앞에 나온 설명과 뒤에 나온 설명의 관계를
고려하자. 그리고 전후의 설명이 병립되고 중요도가 같은 경우, 개선

사례처럼 설명의 기준을 드러내야 한다. 개선 사례에서도 '또한 <u>앞으로</u> <u>의 A국 시장을 전망해보면…</u>'이라고 해도 괜찮지만 MECE한 관계를 나타내는 것은 어디까지나 밑줄 친 대목이다.

So What?/Why So?의 관계를 나타낸다

논리적 관계를 형성하는 또 하나의 사고방식은 So What?/Why So?이다. So What?/Why So?의 관계를 나타내는 데 주의할 점은 세 가지다. 첫째, 질문과 답변의 관계를 잘 표현하는 것이다. 둘째, 여러 요소를 묶어 요점을 추출할 때의 표현이다. 셋째, 개별 요소의 설명에서 강조점을 표현하는 방법이다.

질문과 답변의 주어가 일치하도록 표현한다

잘못된 사례 10

다음은 직원들의 복리 후생 제도를 검토하는 보고서의 일부다. 미국의 HMO라고 불리는 사업자에 대해 설명하고 있다.

HMO(Health Maintenance Organization)란?

기업은 연간 일정액을 지불해 HMO 의료보험에 가입하고 직원들은 HMO 산하의 의료기관에서 진료를 받는다. 산하 의료기관은 과잉 의료 서비스를 하지 않도록 HMO의 지도를 받으며 그 결과 직원들이 실제로 절감된 의료비와 기업이 보험료로 지불한 금액의 차액이 HMO의 수익이 된다.

> HMO의 등장으로 미국 사회는 의료비 감소라는 최대의 이익을 누리고 기업도 연간 의료보험료를 절감하는 데 성공했다. 다만 최근 의료기관의 지나친 비용 절감 지도로 인해 의료의 질이 저하되는 등 HMO 폐해도 지적되고 있다.

힌트 첫 번째 단락의 두 문장에 주목해보자. HMO의 구조를 설명하고 있는데 좀처럼 의미를 파악하기 어렵다. 이때 설명할 내용은 'HMO는 무엇인가'라는 질문의 답변이다. 과연 두 문장의 주어는 적절한가.

개선 사례 10

> HMO(Health Maintenance Organization)란?
>
> HMO는 미국 의료보험 시스템의 새로운 방식이다. 이 제도는 기업들이 지불하는 의료보험료를 연간 일정액으로 인수하고, 그 보험으로 의료 혜택을 받는 사람들을 산하 의료기관으로 유도한다. 동시에 HMO는 산하 의료기관에 대해서는 과잉 의료 서비스를 억제하도록 지도하고, 징수한 보험료와 의료기관에 실제로 지급하는 의료비의 차액으로 수익을 낸다.
>
> HMO의 등장으로 미국 사회는 의료비 감소라는 최대의 이익을 누리고 기업도 연간 의료보험료를 절감하는 데 성공했다. 다만 최근 의료기관의 지나친 비용 절감 지도로 의료 질이 저하되는 등 폐해도 지적되고 있다.

해설 개선 사례에서는 첫 번째 단락의 문장 주어가 'HMO는'으로 바뀌었다. 잘못된 사례에서는 '기업은', '직원들은', '산하 의료기관은', '차액이'가 주어였다. 'HMO는'이 주어가 되면서 해당 글은 사업자가 의료 시스템 안에서 수행하는 역할과 그 비즈니스 구조를 설명하고 있다.

답변이 질문에 부합한다는 것은 논리적 설명의 근간이기에 표현상 답변의 주어에 주의해야 한다. 질문이 'HMO는 무엇인가'이므로 그 답변은 'HMO는'을 주어로 'HMO는 …을 …한다'고 설명되도록 한다. 그래야만 질문과 답변이 부합하고, HMO과 관련한 예비지식이 없는 사람이라도 보고서의 내용을 자연스럽게 이해할 수 있다.

개선 사례는 HMO를 주어로 삼았을 뿐만 아니라, 추가로 설명도 덧붙였다. 'HMO는 미국 의료보험 시스템의 새로운 방식이다…'라는 설명으로 HMO의 개념을 전달했다.

문장으로 핵심을 표현한다

잘못된 사례 11

주택 서비스 사업을 하고 있는 기업이 기획한 '내 집 마련 코디네이터 서비스'에 대해 고객에게 제안하는 문서의 일부다.

> '내 집 마련 코디네이터 서비스' 개요
> '내 집 마련 코디네이터 서비스'는 주문식 주택 건축을 희망하는 여러분에게 다음과 같이 도움을 드리고자 합니다.
>
> **1단계. 등록**
> 등록표에 필요 사항과 요망 사항을 기입한 뒤 동봉한 봉투에 넣어 당사로 우송해주십시오.
>
> **2단계. 건축가에게 요망 사항을 설명**
> 당사의 파트너 건축가 100명 가운데서 고객의 요망 사항에 가장 잘 맞는 세 명

을 추천해 주택 건설에 대한 요구와 생각을 건축가에게 직접 전달할 수 있는 설명회를 개최합니다. 설명회에는 당사의 코디네이터가 입회해 요망 사항이 정확히 전달되도록 돕겠습니다.

3단계. 건축 계획 제안
설명회 내용을 근거로 각 건축가가 세운 건축 계획을, 법규 준수를 포함해 건물의 구조상 문제가 없는지, 비용은 예산 내에서 해결 가능한지를 엄격하게 확인하겠습니다. 확인 뒤 각 건축가가 건축 계획을 프레젠테이션하겠습니다.

4단계. 건축가 결정
제안한 계획을 신중히 검토해 설계를 의뢰할 건축가를 결정해주십시오. 건축가와의 면담 설정, 불확실한 점에 대한 조사 실시나 의문점에 대해 고객의 입장이 되어 객관적인 조언을 제공하는 등 코디네이터가 검토를 지원하겠습니다.

힌트 첫머리의 첫 번째 문장에 주목하자. 이 문장은 그다음의 네 단계에 걸쳐 서술한 내용을 So What?해서 이 서비스의 핵심을 설명해야 한다.

그런데 '주문식 주택 건축을 희망하는 여러분에게 다음과 같이 도움을 드리고자 합니다'라고 써 있다. '다음과 같이'라는 한마디 때문에, 문서를 읽는 사람은 이 서비스를 우선 대략적으로 파악하고 싶어도 그럴 수가 없다. 일일이 1단계부터 4단계까지의 설명을 읽어야 해서 이 문서는 So What?을 바로 파악하기가 어렵다. 그렇게 모두 읽지 않아도 서비스의 개요를 파악할 수 있도록 각 단계의 핵심을 명료하게 표현하면 어떨까.

개선 사례

해설 개선 사례는 첫머리에서 건축가 선정을 어떻게 지원하는지 보여준다. 이 설명이 있으므로, 문서를 읽는 사람은 각 단계의 설명을 일일이 읽지 않아도 서비스의 개요를 파악할 수 있다.

비즈니스 문서를 작성할 때는 'X는 <u>아래와 같습니다</u>', 'Y는 <u>다음과 같다</u>'라고 서술한 다음에 여러 항목을 열거하는 경우가 많다. 물론 일부러 읽는 사람에게 바로 핵심을 밝히지 않고, 상대가 여러 항목을 So What? 하고 자문자답하면서 읽기를 의도했다면 상관없다.

하지만 이런 의도 없이 안이하게 '아래와 같이'나 '다음과 같이'라고 표현하는 것은 제3장에서 설명했던 'So What? 포기 유형'에 해당한다. 결과적으로 서술한 전체 내용의 핵심이 전달되지 않는다. '아래'나 '다음'이 가리키는 내용의 요점을 So What?/Why So?로 스스로에게 반복 질문하면서 말로 설명해보자.

설명의 강조점을 올바르게 제시한다

잘못된 사례 12

다음은 파스타 사업을 하는 A사의 사업 현황을 3C 프레임워크에 따라 각 항목으로 나눠 정리한 자료다.

> **A사의 파스타 사업 현황**
>
> ● 시장: 소비자는 '가격이 저렴하고 다이어트 효과가 있는 건강식'을 원하고 있다. 특히 다이어트에 주로 관심 있는 20~30대 사이에서는 파스타가 일상식으로 정착하고 있어 파스타 다이어트에 관심이 높다.
>
> ● 각 경쟁사: 현 관점에서 각 경쟁사의 다이어트 식품은 간식 대용 또는 치료식이 대부분으로 건강한 사람의 평소 식사가 될 만한 제품이나 파스타 다이어트를 주제로 한 상품은 아직 없다. 그러나 과거에는 파스타 다이어트 시장의 유망성에 착안해 진입했다가 철수한 제조사가 있다.
>
> ● 당사: 다이어트를 대상으로 한 파스타 상품 개발은 여태껏 없었다. 단, 현재 당사는 다이어트 효과를 인정받은 특허 향신료, 일상식 브랜드로서의 높은 지명도, 가격 경쟁력을 갖추고 있다.

힌트 각 경쟁사와 당사의 항목 서술에 주목해보자. 경쟁사와 당사, 현재에 대해서는 물론이고 과거의 상황까지 언급하고 있다.

그 가운데 '그러나'와 '단'이라는 접속사가 있다. 'A 그러나 B'라고 하면 설명의 강조점은 B에 있다. 'A, 단 B'라고 하면 설명의 강조점은 A고 B는 덧붙이는 것이다.

지금 개별 서술에서 답변할 질문은 '각 경쟁사는 어떤 상황에 놓여 있는가'와 '당사의 상황은 어떤가'이다. 이를 기준으로 판단할 때 '그러나'와 '단'이라는 접속사는 올바르게 사용됐는가.

개선 사례 12

A사의 파스타 사업 현황
- 시장: 소비자는 '가격이 저렴하고 다이어트 효과가 있는 건강식'을 원하고 있다. 특히 다이어트에 주로 관심 있는 20~30대 사이에서는 파스타가 일상식으로 정착하고 있어 파스타 다이어트에 관심이 높다.
- 각 경쟁사: 현 관점에서 각 사의 다이어트 식품은 간식 대용 또는 치료식이 대부분으로 건강한 사람의 평소 식사가 될 만한 제품이나 파스타 다이어트를 주제로 한 상품은 아직 없다. 단, 과거에는 파스타 다이어트 시장의 유망성에 착안해서 진입했다가 철수한 제조사가 있다.
- 당사: 다이어트를 대상으로 한 파스타 상품 개발은 여태껏 없었다. 그러나, 현재 당사는 다이어트 효과를 인정받은 특허 향신료, 일상식 브랜드로서 높은 지명도, 가격 경쟁력을 갖추고 있다.

해설 개선 사례에서는 잘못된 사례에서 '그러나'와 '단'의 위치를 바꿨다. 이 문서에서는 처음부터 파스타 사업의 현황을 설명하는 게 맞다. 따라서 설명 내용의 순서를 바꾸지 않는다면, 설명의 초점은 경쟁사를 설명할 때는 앞 단락에, 당사를 설명할 때는 뒤 단락에 있어야 한다. 이런 이유에서 문서 작성자는 경쟁사에 대해서는 '단'을, 당사에 대해서는 '그러나'를 사용했다.

접속사는 서술 내용의 관계를 나타낸다. 문서의 내용에 대한 예비 지식이 없는 사람일수록 접속사에 의존해 문맥을 이해하려는 경향이 있다. 문서 작성자가 접속사를 올바르게 사용해야 읽는 사람에게 혼란을 주지 않는다.

4. 요건 3: 간결하게 표현한다

간결하고 군더더기 없는 문장으로 문서를 작성하는 것은 읽는 사람에 대한 기본 매너다. 장황한 표현이 많고 구조가 복잡한 문장은 읽기도, 올바른 의미를 파악하기도 쉽지 않다. 이제부터 문장의 구조를 단순하게 만드는 방법과 쓸데없는 표현을 없애는 방법을 알아보자.

문장을 단순하게 한다

문장의 기본은 '주어+서술어'다. 이 관계가 분명하지 않거나 흐트러지면 문장을 읽기가 어렵다. 그러므로 각 문장을 '주어+술어' 관계로 단순하게 만들 필요가 있다.

주어와 서술어를 확실하게 하고 한 문장을 짧게 정리한다

잘못된 사례 13

다음 밸류넷사가 기획해 개최하는 세미나 안내장의 일부다.

> … 그리하여 당사에서는 오는 ○월 ○일(○)에 '밸류놀리지 매니지먼트 세미나'
> 를 개최하게 됐습니다. 부디 오셔서 자리를 빛내주시기 바라는 마음으로 안내
> 말씀을 올립니다.
> 기업에서는 컴퓨터 1인 1대 체제, 인터넷 접속, 사내외 커뮤니케이션에서의 이메
> 일과 그룹웨어 활용 등, 직원들의 업무 방식이 크게 변화해왔습니다만, 이런 일
> 이 기업 IT화의 목표점이 아니라, IT를 자유롭게 구사함으로써 기업 내외의 방대
> 한 정보를 경영과 사업 운용상의 과제 해결에 효과적으로 활용하는 데 있습니다.
> 저희 밸류넷사에서는 지금까지….

힌트 '기업에서는 컴퓨터 1인 1대 체제… 활용하는 데 있습니다'라는 문
장을 보자. 한 문장이 무려 세 쌍의 '주어부(주어와 수식어)+서술부(수식어
와 서술어)'로 구성되어 있고, 방대한 내용이 담겼다.

직원들의 업무 방식이(주어부) 크게 변화해왔습니다(서술부).

이런 일이(주어부) 기업 IT화의 목표점이 아니라(서술부)

?(주어부) IT를 자유롭게 구사함으로써 기업 내외의 방대한 정보를 경영과
사업 운용상의 과제 해결에 효과적으로 활용하는 데 있습니다(서술부).

심지어 세 번째 대목에는 주어가 없다. 이렇게 너무 긴 문장은 읽기

가 어렵다. 과연 이 문장을 어떻게 나눠야 할까.

개선 사례 13

> … 그리하여 당사에서는 오는 ○월 ○일(○)에 '밸류놀리지 매니지먼트 세미나'를 개최하게 됐습니다. 부디 오셔서 자리를 빛내주시기 바라는 마음으로 안내 말씀을 올립니다.
>
> 기업에서는 컴퓨터 1인 1대 체제, 인터넷 접속, 사내외 커뮤니케이션에서의 이메일과 그룹웨어 활용 등 직원들의 업무 방식이 크게 변화해왔습니다. 하지만 이것이 기업 IT화의 목표점이 아닙니다. IT화의 목표점은 IT를 자유롭게 구사함으로써 기업 내외의 방대한 정보를 경영과 사업 운용상의 과제 해결에 효과적으로 활용하는 일입니다.
>
> 저희 밸류넷사에서는 지금까지….

해설 원래의 긴 한 문장을 '주어+술어'의 관계를 기준으로 세 문장으로 나누고, 세 번째 문장에 숨어 있던 주어 '(기업의) IT화의 목표점은'을 찾아 보완했다. 이 본래의 주어가 서술돼 있지 않았던 사례에서는 '이런 일이(업무 방식의 변화가)'가 '기업 IT화의 목표점이 아니라, IT를 자유롭게 구사함으로써 기업 내외의 방대한 정보를 경영과 사업 운용상의 과제 해결에 효과적으로 활용하는 데 있습니다'의 주어로 보였다. 이처럼 주어와 서술어의 관계가 꼬여 있는 바람에 의미가 제대로 통하지 않았다.

문장은 서술어가 중심이 되어 의미를 형성하므로 '주어+서술어'가 연속된 긴 문장은 문장의 의미를 파악하기 어렵다. 또한 긴 문장에서는 주어와 서술어가 꼬여도 그 문장을 작성한 사람조차 문장이 어색하다는 사실을 잘 알아채기 어렵다.

주어와 서술어의 관계를 분명하게 해서 한 문장을 짧게 만들자. 문
장의 길이는 지면을 보았을 때 한 문장 전체가 한눈에 들어오는 정도
면 적당하다.

'…에 따라…'를 남발하지 않는다

잘못된 사례 14

어떤 기업의 사내 프로젝트 종료 시, 프로젝트 구성원이 경영진에게 전
달한 자료의 일부다.

> 이번 프로젝트에서는 각 부서에서 팀원을 골고루 선발해 구성한 팀이 검토를 진
> 행함으로써 팀 구성원 각자에 따른 타 부서의 최신 동향 파악이 가능해짐에 따
> 라 사업 운영을 실제로 담당하는 중간계층에 따른 최신 정보의 공유가 얼마나
> 중요한지를 재인식했다.
> 앞으로 중간층이 정보의 공유를 촉진하기 위해서….

힌트 첫 문장을 살펴보자. '…함으로써, …', '…에 따른…', '…에 따라…'
등의 표현이 네 번이나 나온다.

특히 밑줄 친 두 군데의 '…함으로써, …에 따라'에 주목하자. 'A함으
로써, B에 따라, C'의 구조다. 'A가 원인이 되어 B가 되고, B가 원인이
되어 C가 된다'는 두 가지 인과관계가 '…함으로써…'로 연결돼 있다.
이 인과관계를 정리할 필요가 있다.

개선 사례 14

이번 프로젝트에서는 각 부서에서 팀원을 골고루 선발해 구성한 팀이 검토를 진행했기 때문에 각 팀의 구성원이 다른 부서의 최신 동향을 파악할 수 있었다. 이 경험으로 팀원 모두가, 사업 운영을 실제로 담당하는 중간층이 정보를 공유하는 일의 중요성을 재인식했다.
앞으로 중간 계층이 정보의 공유를 촉진하기 위해서….

해설 개선 사례에서는 원래의 문장을 둘로 나누어, 프로젝트 활동을 설명하는 문장과 그 활동에서 얻은 교훈을 설명하는 문장으로 구분했다. 그리고 첫 문장에서는 '각 팀의 구성원이'를, 둘째 문장에서는 '팀원 모두가'를 주어로 했다. 이렇게 하면 주어와 서술어의 관계가 확실해진다.

비즈니스 문서에서는 'A에 따라(~함으로써, ~에 따른)…'라는 표현이 'A가 원인이 되어…'라는 의미로 자주 사용된다. 하지만 이 표현은 주의해서 사용하지 않으면 인과관계가 여러 개 만들어져 문장이 복잡해지고 만다.

또한 'A에 따라…'는 'A가 …한다'는 의미로 사용돼 동작의 주체를 보여주기도 한다. 이처럼 'A에 따라…'는 의미가 원인일 때도, 동작의 주체일 때도 있으니 주의하도록 한다.

수동형 표현을 남발하지 않는다

잘못된 사례 15

다음은 경쟁 기업 A사의 상품 개발 시스템에 대한 조사 보고서의 일부다.

> A사에서는 상품 개발 시스템의 하나로서 신상품 아이디어의 사원 제안 제도가 도입돼 있다. 제안 활동은 업무의 일환으로 인정되고, 채택된 아이디어 제공자에게는 보상금이 주어진다. 그 결과, 사원 제안 제도를 통해 연간 250건의 제안이 접수되어, 과거 10년간 A사의 신상품 가운데 약 70퍼센트가 사원에 의해 제안된 신상품으로 점유돼 있다.

힌트 이 보고서의 문장은 자연스럽지 않을 뿐더러 의미마저 석연치 않다. 문장과 어구의 말미를 보면 '~된다'라는 표현 일색이다. 수동적인 느낌을 주는 표현이 연속되어 어색하다. 과연 이 중에서 반드시 '~된다'로 표기해야만 하는 대목은 몇 군데나 있을까.

개선 사례 15

> A사에서는 상품 개발 시스템의 하나로서 신상품 아이디어의 사원 제안 제도를 도입했다. 제안 활동은 업무의 일환으로 인정하며 채택된 아이디어의 제공자에게는 보상금을 수여한다. 그 결과 사원 제안 제도를 통해 연간 250건의 제안이 접수되고 있으며, 과거 10년간 A사의 신상품 가운데 사원의 제안을 기초로 한 상품이 전체의 약 70퍼센트를 차지하고 있다.

해설 개선 사례에서는 잘못된 사례의 '~된다'는 표현들 중에서 한 군데 제외하고는 모두 바꾸었다. 훨씬 읽기 쉽지 않은가.

'되다'는 자주 쓰는 말이지만 지나치게 많이 사용될 때는 문장이 어색해진다는 점을 기억해두자. 그럴 때는 '…가 …를 …한다'라는 표현을 활용하도록 한다. 이 표현에 대입해보고 더 자연스러운 문장으로 고치면 된다.

쓸데없는 표현을 없앤다

문장을 간결하게 만든 뒤 문장에서 불필요한 표현을 없애자.

필요 없는 표현을 거듭하지 않는다

잘못된 사례 16
다음은 '비용 절감 성공 요건'에 대해 정리한 문서의 일부다.

> 비용 절감의 성공 요건
> - 경영 그룹이 과감한 비용 절감 목표 설정을 시행하고 그 목표와 목표 달성의 중요성에 대해 사내 각 부서와 충분히 공유화를 실행한다.
> - 각 부서를 비용 절감 활동에 동기를 부여하기 위한 제도의 구축을 시행한다.
> - 회사 전체의 비용 절감 활동에 대한 총괄 기능을 신설한다. 이 조직이 각 부서의 비용 절감 활동안에 대해 검토를 실시하고 필요한 부서 간 제휴의 명확화를 실시한다.

힌트 문장 끝의 표현에 주목해보자. 같은 의미가 중복되는 쓸데없는 말투는 없는가. 첫 번째 항목을 살펴보자. '설정을 시행한다', '공유화를 실행한다'는 표현이 있는데 어떤가. 다른 문장에서도 이런 의미의 중복이 없는지 살펴보자.

개선 사례 16

비용 절감의 성공 요건

- 경영 그룹이 과감한 비용 절감 목표를 설정하고 그 목표와 목표 달성의 중요성을 사내 각 부서와 충분히 공유한다.
- 각 부서의 비용 절감 활동에 동기를 부여하기 위한 제도를 구축한다.
- 회사 전체의 비용 절감 활동에 대한 총괄 기능을 신설한다. 이 조직이 각 부서의 비용 절감 활동안을 검토하고 필요한 부서 간 제휴를 명확히 한다.

해설 군더더기가 붙은 표현이 드문드문 있는 정도라면 모를까, 지나치게 많으면 문장이 장황해진다. 개선 사례에서는 첫 번째 항목의 '설정을 실행한다'를 '설정한다'로, '공유화를 실행한다'를 '공유한다'로 바꿨다. 그리고 두 번째 항목의 '구축을 시행한다'를 '구축한다'로, 세 번째 항목의 '검토를 실시하고'는 '검토하고'로, '명확화를 실시한다'를 '명확히 한다'로 바꿨다.

공유화나 명확화의 '화化'는 '공유한다', '명확히 한다'는 의미를 포함하고 있다. 따라서 '공유화를 실행한다'와 '명확화를 실시한다'는 각각 '공유한다'와 '명확히 한다'라고 표현해야 한다. '<u>설정</u>을 행한다', '<u>구축</u>을 시행한다', '<u>검토</u>를 실시한다'도 밑줄 친 단어가 이미 어떤 대책이므로 '설정한다', '구축하다', '검토한다'로 표현하는 편이 명료하다.

불필요하게 강조하지 않는다

잘못된 사례 17

다음은 캐릭터 라이선스 사업을 하는 X사에 대해 서술하고 있다.

> 캐릭터 라이선스 사업의 성공 열쇠를 X사의 사례에서 알아보면 두 가지를 들 수 있다. 우선 캐릭터 개발에 있어 캐릭터 디자인에 세태와 유행을 꾸준히 반영함으로써 캐릭터의 진부화를 방지하는 일이다. 다음으로 라이선스 공여에 있어서의, 캐릭터가 지닌 매력을 살린 상품 아이디어 창출에 있어서 X사 자체도 적극적으로 라이선시에 제안함으로써 상품 제조에 있어서도 깊이 관여하고 있다는 점이다.

힌트 사례에서는 '…에 있어'와 '…에 있어서의'가 반복된다. 이 표현들은 '의'와 '에서의'보다 강조의 뉘앙스를 더해진 것이고, 특히 '…에 있어서의'는 문어체다. 각각 '…에서', '…에서의'로 바꾸는 게 낫다.

사실 많은 사람이 '…에 있어', '…에 있어서의'를 빈번하게 사용한다. 하지만 이런 표현은 본래 강조하고자 하는 내용이 오히려 눈에 띄지 않게 한다. 과연 이 글을 쓴 사람이 주장하는 X사의 캐릭터 라이선스 사업의 성공을 위한 열쇠 두 개를 강조하려면 어떻게 해야 할까.

개선 사례 17

> 캐릭터 라이선스 사업의 성공 열쇠를 X사의 사례에서 알아보면 두 가지를 들 수
> 있다. 우선 캐릭터 개발 측면에서 캐릭터 디자인에 세태와 유행을 꾸준히 반영해
> 캐릭터가 진부해지는 것을 막았다는 점이다. 또한 라이선스 공여 측면에서도 X
> 사 자체에서 캐릭터의 장점을 살린 상품 아이디어를 적극적으로 라이선스 측에
> 제안해 상품 제조에 깊이 관여하고 있다는 점이다.

해설 이 글의 작성자는 X사의 캐릭터 라이선스 사업의 성공 열쇠가 캐
릭터 개발과 라이선스 공여, 두 가지에 있다고 주장한다.

개선 사례에서는 '…에 있어'라는 표현이 들어간 문장을 바꾸었다.
예를 들면, '캐릭터 개발 측면에서'와 '라이선스 공여 측면에서도'라고
말이다. '…에 있어', '…에 있어서의'처럼 강조하는 뉘앙스가 실린 표현
을 너무 자주 사용하면 본래 글쓴이가 강조하고자 하는 부분이 도리어
묻히게 된다. 그러므로 정말 강조하고 싶을 때만 사용한다.

* * *

비즈니스 문서를 작성하는 사람들 중에는 '그래도 내용은 충실하니까
어떻게든 잘 전달될 거야. 표현력쯤이야 너그러이 봐주겠지'라고 안이
하게 여기는 이가 많다. 하지만 머릿속 내용을 제대로 표현하는 능력은
모든 비즈니스맨에게 필수 요소다.

비즈니스상 문장 표현을 할 때는 구체적으로 표현할 것, 논리적인

관계를 올바로 표현할 것, 그리고 간결하게 표현할 것, 이 세 가지 원칙을 지키도록 하자.

자신이 작성한 표현을 객관적으로 바라보고 수정하는 일은 누구에게나 어렵다. 이 책에서 다룬 수많은 잘못된 사례와 그 개선 사례가 스스로 글을 점검하는 데 길잡이가 되기를 바란다.

셀프 에디팅을 위한 체크 리스트

지금까지 로지컬 라이팅 방법을 구성과 표현으로 나누어 단계별로 살펴보았다. 문서를 작성하고 나서 스스로 확인하고 수정하는, 이른바 셀프 에디팅을 소개한다. 이를 통해 자신이 작성한 글이 이해하기 쉽고 논리적으로 구성됐는지 확인하자.

메시지 구성에 대한 체크

도입부의 구성

☐ 문서의 첫머리에 도입부가 있고, 그 부분에 필수 요소인 주제와 읽는 사람에게 기대하는 반응을 명시하고 있는가.

☐ 필수 요소 외에도 필요한 요소가 있다면 그 요소들을 설명하고 있는가.

- 주제 설정의 배경은 무엇인가.
- 기대하는 반응을 보여줌으로써 읽는 사람이 얻는 이점은 무엇

인가.

- 쓰는 사람은 누구인가. 그리고 왜 이 사람이 정보를 발신하는가.

- 읽는 사람은 누구인가. 그리고 왜 이 사람이 읽기를 원하는가.

- 본론에 대한 특이 사항(정보 출처, 초기 제안인가 최종 제안인가, 본론의 의의, 본론의 요점 등)은 무엇인가.

본론의 구성

☐ 주제를 답변해야 할 질문으로 과부족이 없이 바꾸었는가.

☐ 각각의 질문에 대한 답변을 So What?/Why So?하고 있는가.

- 답변의 핵심 결론은 무엇인가.

- 결론을 직접 뒷받침하는 근거는 몇 가지며 무엇인가.

☐ 근거는 MECE에 맞게 그룹으로 나뉘어 있는가.

☐ 결론을 먼저 전할지, 근거를 먼저 전할지, 그 순서가 적절한가.

메시지 표현에 대한 체크

구성의 시각화

☐ 주제와 기대하는 반응을 시사하는 표제가 명시돼 있는가.

☐ So What?/Why So?와 MECE한 관계를, 한눈에 바로 알 수 있는가.

- 제목 또는 소제목이 있는가.

- 간격과 기호를 활용하고 있는가.

- 문장의 첫머리에서 설명의 기준을 명시하고 있는가.

메시지의 문장 표현

☐ 구체적인가.

- 일이나 상황의 내용을 명확하게 이해할 수 있는가.

☐ 논리적인가.

- MECE와 So What?/Why So?의 관계를 문장 표현 면에서도 이해할 수 있는가.

☐ 간결한가.

- 문장이 단순하고, 쓸데없는 표현이 없는가.

누구나 논리적인 글쓰기를 할 수 있다

이제 로지컬 씽킹은 비즈니스에서 필수가 됐다. 많은 사람들이 로지컬 씽킹을 머리로 이해하기만 할 게 아니라 실제 커뮤니케이션에 많이 활용하기를 바란다. 필자는 컨설턴트를 포함한 비즈니스맨들의 글쓰기 트레이닝에 관여해오면서 로지컬 씽킹에 대해 두 가지 중요한 깨달음을 얻었다.

첫째, 글쓰기는 로지컬 씽킹을 단련하는 데 아주 뛰어난 수단이다. 마냥 머리로 생각하기만 해서는 MECE, So What?/Why So? 논리 유형이라는 로지컬 씽킹 도구를 제대로 활용할 수 없다. 모든 도구는 실제로 사용해봐야 비로소 비법을 파악하고 노하우가 생기는 법이다.

이와 마찬가지로 로지컬 씽킹 도구도 직접 활용해보는 것이 중요하다. 자신이 사고한 결과를 종이나 컴퓨터 화면에 적은 다음, 객관적으로 다듬다 보면 학습 효과가 더 높아진다.

둘째, 커뮤니케이션에서 로지컬 씽킹을 활용하려면 논리적으로 구체화시키는 방법, 즉 이해하기 쉽고 논리적인 글쓰기 능력이 있어야 한다. 자신이 설명하고자 하는 내용을 확실히 파악하고 글로 정리하는 습관은 생각을 논리적으로 전달하는 데 도움이 된다. 이 과정이 불가능하면 아무리 머릿속에서는 논리적으로 생각하더라도 결국 다른 사람에게 복잡하게 설명하게 되고 설득력이 떨어진다.

필자는 "어떻게 해야 논리적으로 생각을 전달할 수 있습니까?"라는 질문을 자주 받는다. 바로 이 《로지컬 라이팅》이 글쓰기의 첫걸음에 도움이 되고, 나아가 논리적 사고를 훈련하는 데 도움이 될 것이다.

이 책을 출판하는 데 많은 분이 도움을 주셨다. 에디팅을 통해 협조해준 맥킨지앤드컴퍼니 여러분과, 로지컬 커뮤니케이션 연수를 통해 만난 다양한 업계 종사자들로부터 체계적으로 설명하기 위한 방법에 대해 수많은 힌트를 얻었다. '시작하는 글'에서도 말했듯 전작 《로지컬 씽킹》의 공저자인 오카다 게이코 씨, 그리고 예전에 맥킨지에서 도해 표현의 어드바이저를 맡았던 마루오 치아키 씨를 비롯해 초고를 살펴주신 분들에게 귀중한 조언과 격려의 말씀을 들었다. 동양경제신보사 출판국의 오누키 히데노리 씨, 사토 다카시 씨, 전임자인 엔도 야스토모 씨에게도 큰 도움을 받았다.

여러분 모두에게 진심으로 감사드린다.

데루야 하나코